ビジネスマンのための
「習慣力」養成講座

経営コンサルタント
小宮一慶

はじめに

わたしの顧問先企業のひとつに、神奈川ナブコさんという、自動ドアの設置やメンテナンスを行う会社があります。本シリーズでもよくご紹介する素晴らしい会社のひとつです。何が素晴らしいといって、たとえば夜中に行われることの多い自動ドアの定期点検や、休日にも急に入る修理依頼など、結構過酷な労働環境にあるにもかかわらず、離職率は極めて低い。それどころか、現場の人たちが実に生き生きと、お客さまに喜んでいただくために、自分たちでできることは何か？　といつも考え行動している社風があるのです。その心のこもった高い技術に、請求書に上乗せして修理代を払ってくれたお客さまもあると聞きます。

会社ですと、どうしても一人二人、会社で決められていることを忘れたり、手を抜いたりして、クレームになったりする社員が生じるものですが、そういうことも滅多にない。

神奈川ナブコのサービスというものが、一人ひとりに染み込み、ごく自然に行うまでに「習慣」化されているからです。

そんなふうに、すでに普通の会社と比べたら、優れているにもかかわらず、わたしが毎年やらせてもらっている研修のテーマとして今年お願いされたのが、「習慣化」でした。曰く、

「良い行動を習慣化する神奈川ナブコになる」

研修では、このテーマでみなでディスカッションし、一人ひとり発表してもらいました。

そして、その発表を聞きながら、これだな、と思いました。ビジネスマン養成講座シリーズの次のテーマは「習慣力」だなと。

多くの人がよい習慣を身につけることに、非常に苦労しているようなのです。さらに、悪い習慣から抜け出すのには、もっと苦労しているようでした。習慣力をいかに身につけるかを知ることの重要性を改めて思い知らされました。そして、習慣力をつけるにも、優先順位やコツがあるということも分かりました。

それが、本書が生まれることになったきっかけです。

なぜ、すぐ習慣化できるのか？　いつもできないのか？

というのも、自分で言うのもなんですが、わたしは「習慣力」にはちょっと自信があるのです。本文の中でもふれますが、長年続いている「よい習慣」がいくつかあって、そのひとつが日記です。三年連用日記を使って、いま九冊目。二十六年目です。

きっかけは、女優の檀ふみさんが新聞の夕刊に、自分は三年連用日記をつけていて楽しいです、みたいなことを書いておられるのを読んで、じゃあ、ぼくもやってみようかな、と思ったことです。で、始めたらずっと続いてしまいました。重いので出張には持っていきませんが、帰った日に全部書くので、埋まっていない日はありません。

それから、松下幸之助さんの『道をひらく』の百二十一項目の二つか三つ、四ページか六ページを、自宅にいるときには毎晩必ず読みます。どんなに酔っ払って帰ったときも、一項目は読んで寝ます。すると、年に五回ぐらい、同じ本が読めることになります。これも二十数年やっているので、百回以上、同じ本を読んだことになります。

ほかにも、ストレッチングとか朝の新聞とか、習慣にしていることはたくさんあります。なんでも三日坊主で終わってしまう人が少なくないようですが、正直言って、わたしにはそこがよく分かりません。よいと思って始めたことがなぜ続けられないのかがよく分からないのです。そこで、できない人はなぜ、できないのか、できる人はなぜ、できるのか。そこを究明してみたいと思いました。そして、どうすれば習慣力が身につくのか。そのポイント、コツは何か、を。

さらには、どういう習慣を身につければよくて、どういう習慣をやめればいいのかについても、サジェスチョンできればいいなと思っています。

よい習慣プラス0・1、悪い習慣マイナス0・1の「積み重ね」

そもそも「習慣」というのは、小さな行動の積み重ねによって成り立つものです。食事の前には手を洗うとか、人の話を聞くときには必ずメモをとるとか。あるいは、煙草、深酒。いずれも一つひとつは、些細なことなので、すぐにメリットデメリットが明確に表れるわけではありませんので、やり忘れても、まあいいか、やめられなくても、まあいいか、となってしまいがちです。

けれども、それが長年続くと、文字どおり、ちりも積もれば山となる。たとえば、よい習慣をプラス０・１点だとしても、積み重なれば、何百点、何千点にもなる。逆に、悪い習慣をマイナス０・１点だとした場合も同じです。ものすごく大きなマイナスになる。その差となると、膨大です。

これを角度で表現した顧問先の社長さんもいらっしゃいます。角度が一度上がるかどうかで、二十年とか三十年後には、どれだけ高さに違いが出ると思いますか？　一度の差のつく仕事をしましょう、と。まさに、「習慣力」です。

ところで、習慣というと、たいていは、行動について考えますが、「考え方の習慣」というのもあります。すぐ悪いほうに考える、先延ばしにするなど。こうなってくると、足し算どころか、かけ算です。どんなにいい習慣を持っていても、マイナスの考え方を持つ習慣で、大きな負債になってしまいます。

「習慣」は自然には身につかない。努力が必要。だから、習慣「力」

わたしのように、習慣化が得意な人であっても、何の努力もなしに、日記をつけることを続けたり、ストレッチを続けたりできているわけではありません。子どもが歯を磨くのも、お風呂に入るのも、最初は親が躾けたからです。車の運転で、危ないと思ったら、アクセルから足を離してすぐブレーキを踏むのは、習慣になっているから条件反射のようにできるだけであって、最初は、さんざん練習したはずです。

習慣には、努力が必要なのです。

習慣力のある人というのは、できるだけ少ない努力で、習慣化できる方法を身につけている人です。**習慣化にも、コツがあるのです。**そのコツをご伝授するのが本書です。

自己実現は、よい習慣がつくる

もちろん、ご飯を食べたり、ずっと座っていると運動したくなったりと、最初から努力なしに自然に繰り返す行動もあります。マズローの五段階説のいちばん下の「生存の欲求」

マズローの欲求五段階説

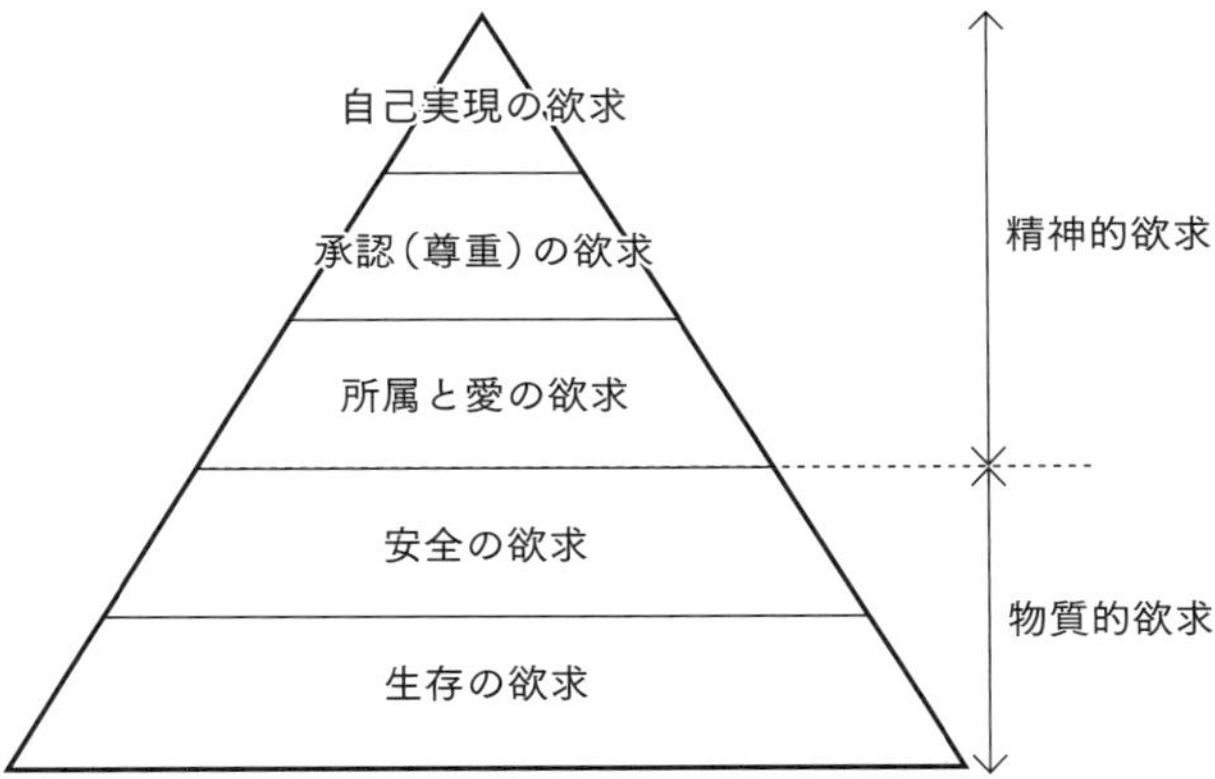

のレベルのことは、生存のために、誰でも放っておいてもやることです。

次の「安全の欲求」も、本能的に身を守るために、たいていの人が努力なく行っていると思いますが、すべての人ではありません。

そして、次の「所属と愛の欲求」のレベルとなると、それを満たす習慣、たとえば、挨拶をするとか、メールにはすぐ返事を書くなど、これは自然に、というわけにはいきません。習慣として身につけるべく、ある程度の努力が必要です。「承認（尊重）の欲求」だと、さらに求められるレベルは高まります。

欲求のレベルが上がるほど、必要な努力の程度は大きくなります。「承認の欲求」を満たすためには、相手から認められるような行動やアウトプットが必要ですから。

さらに、いちばん上の「自己実現の欲求」を満たすためにも、いい習慣を努力して身につけるべきことは言うまでもありません。「自己実現の欲求」とは「なれる最高の自分」をつくり上げることですから、習慣力なしにはなしえないのです。

本書を最後まで読んで、小さなコツを身につけて、毎日の0・1ミリの積み重ねで、大きな差をつけていただきたいと思います。

個人も会社も、最初は強制力が必要

この「はじめに」の冒頭に書いた神奈川ナブコさんでは、ほとんどの社員が始業時刻より早く会社に行って、自分が乗る業務用の車をピカピカに磨くなどしてから、お客さまのところへ出かけていくそうです。自然な習慣になっているので、「朝早く来いよ」とか「そんな汚い車で出かけて行ったら、お客さまに失礼だろう？」などといちいち指導する必要はありません。もちろん、そのことで不平を言う社員は誰もおらず、むしろ、みんな嬉しそうに車を磨いています。中には「仕事が楽しいから、朝早く会社に来たい」という若い人までいます。

けれども、この神奈川ナブコさんでも、最初からそうだったわけではありませんでした。わたしが顧問を始めたころは、「そんな汚い営業車でお客さまのところに行ったら、お客さまが嫌がるでしょう」と小言を言いたくなることもありました。それを、時間をかけて変えてきたのです。コンサルタントの力ではありません。社長のリーダーシップと社員のみなさんの努力です。

どのようにしたのかというと、毎月各自が目標を立てて、結果を自己評価し、それを上司も評価する、ということを地道に繰り返すことでした。社長や常務も全員（約百五十人）分に必ず簡単なコメントを書きました。本文でも説明しますが、習慣力を身につけるためには、「見られる」というのも強制力やインセンティブとして働くのです。

当初は、お客さまが喜ぶこと、というテーマでその月行うことを目標として設定していきましたが、最近は、働く周りの仲間が喜ぶこと、工夫といったことにも取り組んでいます。（ちなみに、「お客さまが喜ぶこと」「働く周りの仲間が喜ぶこと」「工夫」の三つは、わたしが言う「よい仕事」の三要素です）。

その結果、先日研修の中で、次のようなことが発表されていました。

自分の属している営業所は駐車場が狭いため、早く帰った人からどんどん車を詰め込んでいかないといけない。すると、最初に帰社した人は、あとの人たちが帰ってきたらもう出られない。で、次の日いちばん早く出ていかないといけないとなると、もうお手上げ。万事休す。

ところが、翌日会社に行ってみると、誰かが自分の車をいちばん先頭に置いてくれていました。いまでも、誰がやってくれたのか分からないでいますが。

すごいでしょう？　お客さまに喜んでもらうことをする、働く周りの仲間に喜んでもらうことをする、そのために工夫する、というのが、まさにこの会社の社風として、根付いているのです。習慣化されたのです。

そのためにしたこととは、毎月の目標立てと評価、上司のコメント。それを徹底して繰り返すことでした。人を動かすというのは、自分を律することより難しく、何より面倒なことです。でも、徹底して続けたから、よい習慣が社内に根付いた。その結果、業績も上がり、よい会社になったのです。

もちろん、最初は抵抗勢力もありましたが、徐々にそれも減っていきました。そうすると、やっていることを続けるのが当たり前、さらには、やらないと気持ち悪い、というレベルになります。そうすれば、もう成功したも同然です。

これは、個人でも同じで、最初は、習慣化するには、抵抗があります。辛いときもあります。しかし、続けているうちに、自然に行えるようになり、最後には、やらないと気持ち悪くなってきます。

よい習慣は、よい人生をつくります。よい会社をつくるのです。

「知っていること」と「できていること」の大きな違い

あなたが本書を手にとったのは、次のいずれかの理由からでしょう。

・何か始めようとしても、なかなか続かない、続けられるコツがあるのなら、それを知りたい。
・会社全体や部署全体、あるいは自分のチームで、これをやろうと行動目標を決めるのだが、なかなかそれが実行されない。ちょっと目を離すと、すぐ元に戻ってしまう。自分の指導力が至らないからだろうか？　いい方法があったら、ぜひ知りたい。
・子どもに、いろいろなよい習慣をつけさせないといけないのだが、なかなか身についてくれない。

どれであっても、必ずヒントが見つかるはずです。

ひょっとしたら、すでにあなたが知っていることばかりかもしれません。けれども、知っていることと、できていることは違います。もし、できていないのだったら、本当に知っているとは言えません。そして、本書の目的は、あなたに「習慣力」について「知って」いただくことではなくて、実際に、「習慣力」を「身につけて」いただくことです。

論語に「これを知るものはこれを好むものに如かず。これを好むものはこれを楽しむものに如かず」とあります。「知る」と「好む」の差は、単に知っているということと、それを「好ましい」と思っているかということの差です。

習慣力をつけることは好ましいことであることは間違いありません。**「好む」と「楽しむ」の差は、わたしは実践の差だと思っています。やってみて、これを楽しむことです。**本書を読み終わったその瞬間から、第2章の習慣力を身につけるためのステップ1を始めていただくことです。

そのためのモティベーションが湧いてくる本になっていたら、著者として、これほどうれしいことはありません。

最後までおつきあいください！

小宮一慶

もくじ

はじめに――3

第1章
「習慣力」のある人とない人
なぜ、できるのか？　なぜ、できないのか？――23

なぜできるのか？　六つのポイント――24
習慣化の秘訣。最初は、メリットと強制力！――24
組織での習慣化にも、最初は、
実利的なメリットと強制力の工夫と仕組みが必要――34
長く続くには、自然に続く環境づくりが重要――36
自分で自分を強制できるもっともよい方法――43
組織でも個人でも、習慣化でいちばん大事なこと――45

「できない」を「できる」に変える七つのポイント――48

「できない理由①」短期的な必要性がない――49

❶段階を設けて、都度、達成感が得られるようにすること

「できない理由②」すぐには成果が分からない――52

❷長期的な成果を見据えたうえで、それを細かな段階に分け、都度、成果を確認し、達成感を得ながら進めていけるような工夫

「できない理由③」忘れる――55

❸目標を目に見える場所に記しておく

❹やるべきことに必要なものを、目に見えて、すぐ手の届くところに置く

「できない理由④」強制力の欠如――59

❺強制力をもたせているか？

❻和気藹々なチームになってしまっていないか？

「できない理由⑤」本音ではやらなくてもだいじょうぶと思っている――61

❼志を持つこと

第1章のまとめ――64

第2章

習慣力を身につける具体的な方法――67

フェーズ1　強制力などを利用して、始める――70

ステップ1　とにかく始める――70

❶始めたら、半分終えたも同じ！――70
❷人のためを考える――72
❸宣言する――73
❹期日を決める――75
❺仲間と始める――76
❻やらなくてもいい条件を決めておく――77
❼できない場合の代替案を考える――78
❽がんばりすぎない――80

ステップ2　忘れないで、行動し続ける――81

❶目標をいつも見えるところに書いて置いておく――81
❷仲間と経過を確認し合う――83
❸同じ時間、同じ場所で、同じパターンで行う――83

ステップ3　メリットを感じる――85

❶ 小さな目標を立てて、達成感を味わう——85
❷ メリットのある目標を立てる——87
❸ 仲間と成功例、失敗例を共有する——88
❹ 目標を達成したときのイメージを描く——88
❺ できなかったときのみじめな姿を考える——89

フェーズ2 無意識のうちにやっている 91

ステップ4 やらないと気持ち悪い——91

ステップ5 無意識でやっている——91

❶ 好きなこと、夢中になれることをやる——92
❷ 目標を達成したらご褒美——93
❸ ときには自分を甘やかす——94

第2章のまとめ——96

第3章

成功する人の習慣——99

1　身につけたい成功する人の習慣——101

成功する人の習慣❶　一日の終わりに、その日を振り返って反省する——101
成功する人の習慣❷　メモをとる——104
成功する人の習慣❸　自分から挨拶する——107
成功する人の習慣❹　メール即返信——112
成功する人の習慣❺　健康管理のための習慣を持つ——113
成功する人の習慣❻　整理整頓。デスクの上も、部屋の中も、出したものは片付ける——116
成功する人の習慣❼　ＴｏＤｏリストを書き出し、優先順位をつける——120
成功する人の習慣❽　笑顔——123
成功する人の習慣❾　読書と勉強——126
成功する人の習慣❿　工夫と時短——132
成功する人の習慣⓫　アウトプットする——137
成功する人の習慣⓬　早起き——140
成功する人の習慣⓭　積極思考——144

成功する人の習慣⓮ 人を喜ばせる――149

2 なれる最高の自分になるためにやめるべき習慣――150

やめるべき習慣❶ 夜更かし――150
やめるべき習慣❷ 暴飲暴食――151
やめるべき習慣❸ 朝からのスマホゲーム――153
やめるべき習慣❹ 過度のＳＮＳ――155
やめるべき習慣❺ 先延ばしにする――156
やめるべき習慣❻ 悪口――157
やめるべき習慣❼ 消極思考――158
やめるべき習慣❽ やりっ放し――161
第3章のまとめ――162

あとがき――164

第1章

「習慣力」のある人とない人

なぜ、できるのか？　なぜ、できないのか？

なぜできるのか？　六つのポイント

習慣化の秘訣。最初は、メリットと強制力！

いったいどういうときに、人は「それ」を習慣化できるのでしょうか？（「それ」というのはなんでもかまいません。でも、習慣化したいと願うからには、きっと仕事や健康にいいことなのでしょう！）

研修で出てきた意見を多かった順にまとめてみると、次のようになりました。

まず、いちばん多かったのが、

❶ メリットを十分に享受していること

結果としてのメリットではなく、行っているその過程で、メリットを感じることができることです。たとえばランニング。実際に走っていて気持ちがよければ自然に習慣となります。どんどん気持ちがよくなって、決めていた以上にできてしまったりします。心理学でいう「強化」ですね。

そうやって続けていくと、ますます快調になって、体調がよくなるのを実感する。つまり、体調がよくなるというメリットを享受できているわけです。

「はじめに」でも話しましたが、わたしの習慣のひとつに、毎晩寝る前に『道をひらく』を二、三項目ずつ読む、というのがあります。もうかれこれ二十数年続けているので、何度読み返したことになるのか……百回以上です。よく続けられますね、と言われますが、これも実際にメリットがあるからです。実利的に。

では、そもそもなぜ、それを毎日読むことを始めたのかといえば――日本の二十世紀における経営者で、もっとも成功したひとりが松下幸之助さんであることは間違いないと思いますが、経営コンサルタントとして、その松下さんの考え方を身につけたい。出席している会議などで何か判断を求められたときに、松下さんと同じような判断がごく自然にできるようになりたい、そう思ったのがきっかけでした。

いまでは、社外役員をしている会社が六社、顧問をしている会社が五社ありますし、十二人の小さな会社ながら、会社も経営していますから、そのメリットは特に感じるわけですが、駆け出しの経営コンサルタントとして『道をひらく』を読み始めたころにも、やはりメリットがあったわけです。もちろん、日々起こっていることや自分の行動に対しても、ヒントや反省を与えてくれるというメリットがありました。

実際、常に、松下さんだったらこんなとき、どう考えるかなというのを頭の中に入れてから、ことにあたっています。もちろん、文章を全部覚えているわけではないし、松下幸之助さんそのものの判断ができているかどうかは分からない。自分なりに解釈した松下さんの考え方での判断はしているわけですけれど。

いまでは、さらに実利的なメリットもあります。わたしはこの話をいろいろな講演の場でしているので、その噂が広がったのか、さまざまな雑誌が松下幸之助さん特集をするたびに、わたしのところに取材に来るようになりました。

ＰＨＰ研究所が五百万部突破記念に、非売品の特別仕様の『道をひらく』を出した折りには、〝日本でいちばん『道をひらく』を読んでいるであろう小宮さんに差し上げます〟と、編集者の直筆の添え文とともに、その特別版をプレゼントしていただきました！

日本一かどうかは分かりませんが、積み上げている年季が違いますから、ぽっと出で松下さんの本読んでますよ、と言う人には、絶対負けないと思いますよ！（笑）

読み続ければ読み続けるほど、わたしにとってのメリットは大きくなってくるわけです。

みなさんも、よい習慣を続けていくと、初期のころにもメリットを感じられると思いますが、続ければ続けるほど、より大きなメリットが得られると思います。

さて、行っている過程でメリットが感じられる、ということは、

成果が目に見えて分かる

ということでもあります。

実は、わたしは、この半年ほど、いわゆる糖質制限ダイエットを行っています。成果はすぐ出て、体重は六キロぐらい減り、それに伴って、血圧や血糖値の値もよくなりました。成果が、直接、数値で分かるというのは、習慣化しやすいものです。

逆に、英会話を勉強しようとしてもなかなか続かないのは、すぐには結果が出ないからです。英会話よりTOEICの勉強のほうが続けやすいのは、勉強の過程で、進捗の状況が数値で確認できるからでしょう。

その際、その数値を記録しておくといいと思います。ちなみに、わたしは、体重を毎日日記に書くようにしています。お風呂に入るときに体重を測り、それをそのあとで書く日記に記入しているのです。数字が分かれば、やりがいも高まります（ゴルフ好きの人が、ゴルフのスコアの記録をつけているのと同じです）。

メリットと苦痛のバランスを考える

もうひとつ重要なポイントがあります。それは、ということです。あまりに苦痛の大きいことは続きません。続けられるかどうかは、いま感じられるメリット（いま感じられる将来のメリットも含みます）と苦痛とのバランスで決まります。だから、テストの点数がすぐ上がるというような目の前でメリットのあることは、続きやすいのです。

また、トップアスリートが、非常に苦しい練習にも耐え、それを続けられるのは、オリンピックに出場する、金メダルをとるといった、将来の大きなメリットをイメージしているからです。

これらに対し、普段走らない人が、いきなり五キロ走るとなると、これは苦痛のほうが大きい場合が多いですから、もういいか、ということになりかねないというわけです。この場合は、苦痛のレベルを下げる（たとえば一キロから始める）ことが大切です。メリットと苦痛のバランスにも配慮が必要なのです。ということは、

苦痛やデメリットよりメリットを大きくする

ことが、続けるうえでの大きなポイントとなるのです。

ですから、あとでも述べますが、短期的、長期的なメリットをどれだけ具体的にイメージできるか、それが十分でない場合には、**苦痛やデメリットを小さくする**ということが必要なのです。

とはいえ、たいていのことは、成果が出るまでに、二週間ぐらいかかるのが一般的です。二週間ともかくがんばって、成果が出るようになると、面白くなって続けられるものですが、その二週間が続かない。

で、次のポイントは、

❷ 強制されること

たとえば、ライザップがこれだけブームになったのは、成功する人が多いからなのでしょうが、実際に行っている何人かの知人から聞く限り、盤石な「フォロー」体制というか、それはもう、過酷なほどの「強制」体制ができているからのようです。食べたものを全部メールで送らないといけないですし、先方からも始終、どうですかとメールが来る。四六時中、「見られている」「監視されている」という気分になるそうです。

でも、そのくらいの強制力がないと、普通の人はなかなか続かない。逆に、**「習慣力」のある人というのは、外から強制されなくても、自分に対する「強制力」を持てる人**だという言い方もできますね。

間をとって、自分に対する強制力もある程度は持っているけれど、完全ではないので、それを補完する外からの強制があると「習慣化」しやすい、というのが一般的な状態かもしれません。

わたしの糖質制限の場合は、医師から脅かされたことが「強制力」になりました。血液検査を定期的に受けている顧問先さんの病院で、血糖値、血圧も若干高いことから、このままだとよくないですよ、たいへんなことになりますよ、と脅かされ、ひとつの対処法として、短期間の糖質制限を提案されたわけです。

そしたら、二週間ほど経った頃から、本当にどんどん体重が減っていくし、三カ月後には血液検査の値もよくなっていたので、もう医師の「強制力」がなくても続けられる状態になりました。ただ、糖質制限は、あまりストイックにやってしまうと、筋肉量が減ったり、脳に送られるブドウ糖が減ったりしてかえって健康によくないらしいので、いまは以前ほどは意識していません。それでも、昔と比べると、いつの間にか甘いものやご飯を食べる量が自然に減っています。

ライザップにしても、わたしの糖質制限にしても、強制力が効果を持ったことは間違いありませんが、もうひとつ、先に説明した**「メリットを感じられる」ための工夫**もあります。ライザップの場合は、成功した人の写真や映像をテレビなどで常に見ることで、自分もこうなれるという「将来の」メリットを感じられやすいようにしています。それが苦痛を和らげるのです。

わたしも糖質制限を始めたときに、それに関する本を読むことで、それを続けた場合の数カ月後の状態がある程度イメージでき、将来のメリットを結構強く感じることができました（これは結果的に、結構な工夫でした）。

先ほど例に出したＴＯＥＩＣの試験の場合だと、昇進や海外転勤に必要という強制力とともに、海外での勤務や留学などをイメージする、海外勤務から帰った人とときどき話をするなどすると、将来のメリットを感じることができるでしょう。

というわけで、ここまでで重要なのは、

自然には習慣力は身につかない。
きっかけには、いますぐ、または将来、デメリットに勝るメリットが、得られるような目標を設定すること、そして強制力が必要

ということです。子どもの歯磨きも靴を揃えることも挨拶も、親が強制しない限り、自分からやり始めることはありません（子どもの場合は、大きくなるにしたがってそのメリットを感じることとなります。短期的には、言われたことをやるということは、叱られないという、少しネガティブですがメリットがあります）。

組織での習慣化にも、最初は、実利的なメリットと強制力の工夫と仕組みが必要

ということは、たとえば会社で、業績向上のために、個々人がなすべき新しい行動指針が示されたとしても、それを「習慣」として一人ひとりに根付かせるためには、最初は、このメリットと強制力の二つが重要だということです。

それを行うことによって、個人や組織にとってどんないいことがあるのかという実利的なメリットをイメージしやすくすることが必要です。

それと同時に、強制力を発揮する仕組みを導入することです。

たとえば、信賞必罰も、そのひとつといえるでしょう。ボーナスなどに成果を反映させるというのもひとつの手かもしれません。

わたしは「褒められる、感謝される」というのも、個人にとってはすぐに感じられる大きなメリットだと思います。先ほどの神奈川ナブコさんの例では「お客さまが喜ぶこと、働く周りの仲間が喜ぶこと、工夫」をテーマにしていますから、ある程度の行動をすれば、

すぐにお客さまや周りの仲間から褒められる、感謝されるということになるわけです。

さらに、強制力という点では、やっていることを上司、あるいは仲間でチェックするというのもいい手段です。上司から見られている、仲間が関心を持っている、あるいは、チームで目標に向かっているというような場合には、ある程度のことはやらざるをえません。

神奈川ナブコさんの例でも、毎月の目標シートを自分だけでなく、上司も評価し、さらには社長が必ずコメントします。見られているということです。また、チーム全体でやっていることですから、自分だけやらないというわけにはいきません。**やらないデメリットをやるメリットが上回る**わけです。

家族や恋人に宣言して、彼らに見られているというのも強制力があるかもしれませんね。特に子どもの前では恥をかきたくないですからね。

強制力には、親や上司などからのプレッシャーだけでなく、**危機感や責任感**というものもあるのです。

長く続くには、自然に続く環境づくりが重要

次に、「習慣力」のある人が実際、どのように行動しているかを観察することによって、習慣化の方法をさらに挙げてみましょう。

共通することの筆頭が、

❸ 日常生活に組み込まれている

ということです。

たとえば、わたしは朝の通勤電車の中で、日経新聞を読むのが習慣になっています。夜は、お風呂から上がったあと、寝る前に日記をつけ、『道をひらく』を読む。

ここで重要なのは、日記をつけるのと『道をひらく』を読むことは寝る前と決めているので、それ以外のところでは絶対、つけないし、読まない、ということです。日経新聞も

最初に乗る小田急線の中と、乗り換えの総武線で四ツ谷に来るまでの間で読む。朝の飛行機に乗るために羽田空港にタクシーで移動するときは、タクシーの中で読むことになりますが、やはり落ち着きませんね。つまり、

時間と場所を決めておくこと

が大事なのです。

そうすると、日常の行動パターンとして、自然にそうするようになりますし、そのうちに、やらないと気持ち悪くなってくる。やる時間になってもやれない状況だと落ち着かなくなってくる、そうなったらしめたものです。

これは、社員や子どもに、何かを習慣づけるときにも重要なポイントで、子どもには、帰ったら靴を揃えて家の中に入り、手を洗う。食卓でおやつを食べるときには「いただきます」と「ごちそうさま」を必ず言う。すぐに机で宿題をすませる。それから、外に遊びに行く、などと、やることとの時間と順番と場所を決めておくことです（これも、強制力で

すね。そして、「遊び」というメリットもあとで与えています）。

同様に、たとえば出張の多い営業の人なら、新幹線に乗ったらまず訪問先で見せる資料をチェックしながら、頭の中でシミュレーションしつつ、ひとりプレゼンテーションを行う。夜は、ホテルのデスクで、寝る前に日報を書くなど、**やる時と場所を決める**のです（わたしの場合は、新幹線に乗ったらすぐにやるのは、二週間に一度のメルマガ原稿を書くこと。その必要がない場合には、スケジュールチェックや講演準備などを行います。講演の準備は、いつもほんの数分です。話す内容などを確認するだけです）。

最初は、行動計画表や手帳に、場所と時間を書いておいてもいいでしょう。計画のときから、自分がそれを行っている様子をビジュアライズすることです。そして、それを見なくなっても、自然にできるようになれば、習慣化ができていると言えます。

新しい習慣を日常生活に組み込む際のもうひとつのポイントが、

やるべきことに必要なものを、目に見えて、すぐ手の届くところに置く

ことです。

たとえば、薬やサプリメント、機能性飲料水などは、ついつい飲むのを忘れます。その場合は、デスクの上に置く。薬やサプリの場合は、飲むときに必要な水も置いておく。わざわざ立って取りに行かなくてもいいようにしておきます。

水回りやキッチンなどの水汚れを、気づいたらすぐに拭き取る習慣を社員や子どもに身につけさせたかったら、拭き取るためのタオルをシンクのすぐ横に置いておくことです。気づいたことがあったらすぐにメモをとる習慣をつけさせたかったら、あちこちに、メモパッドとペンを置いておくことです。

いずれにしろ**続かないことを、根気や根性、やる気の問題として、他人や自分を責めないでください。習慣力は、根気とはまったく関係ありません。続けやすい環境づくりこそが、その大きな要素**なのですから！

さて、習慣化しやすい環境という点では、実は、仕事上の習慣は、勉強の習慣よりも身につけやすいはずです。給料が支払われ、業績に応じて評価が決まり、それによって地位や給料が上がったり下がったりする「強制力」や「メリット」があるわけですから。

それは、「競争」があるからだとも言えます。出世競争には興味のない最近の若い人でも、同期との比較は、やはり気になる。足の引っ張り合いも馴れ合いも困りますが、**職場が切磋琢磨の雰囲気にあれば、習慣化は加速されます**（最近ある会社の社長から聞いた話ですが、ある工場で年配の工場長が退職し、その代わりに若い工場長代理を二人置いたら、それまでの和気藹々の雰囲気が一変し、工場内でのいい意味での競争や切磋琢磨の雰囲気が強まり、生産性が大きく向上したということでした）。

さらに、仕事というのはたいていチームで行われますので、自分のせいでみんなに迷惑をかけてはいけないという強制力が働く一方で、チーム内での切磋琢磨も生まれやすくなります。プロ野球の選手があれだけ練習するのも、自分の目標達成や評価ということもありますが、優勝というチームの目標があり、責任感があるからでしょう。さらに、チーム内外でのライバルに負けたくないということもあるでしょう。

これは、勉強や習い事、ダイエットなど、自分のために本来ひとりで行うべきものにも応用できます。つまり、

仲間（兼いい意味でのライバル）**をつくるのです。**

わたし自身の勉強についてもそうでした。高校一年の頃はあまり勉強ができるほうではなかったのですが、二年生になって、五人ほどの勉強仲間ができて、試験前など、いっしょに勉強するようになりました。そうしたら成績が少しよくなりました。すると、勉強の面白さが分かってきて、だんだん成績が上がっていきました。

まあ、仲間の中に、かわいい女の子がいて、彼女に格好悪いところを見せたくないというのもあったかもしれません。というか、それがいちばん大きかったかもしれません（笑）。

というわけで、「習慣化」ができている人の特徴のもうひとつは、

ことです。

❹ 切磋琢磨できる仲間がいる

たとえ、身近に仲間がいなくても、いまは、SNSで知らない人同士がつながってグループをつくって、いっしょに何かをがんばる、ということが可能になりました。

どういう形であれ、仲間がいることで、ライバルもできますし、目標とするような人と出会うことも、続かなくなったときに励ましてくれる人を得ることもできるでしょう。

わたしの周りでは、勉強会やランニングの仲間づくりをしている人たちもいます。これも、強制力を働かせるということとともに、仲間ができるということ自体のメリットがあるからでしょう。結構きついジョギングを仲間としたあと、冷たいビールで乾杯というのを大きなメリットと感じる人も少なくないですよね。

会社では、リーダーがすべてを統率しようとするのではなく、小グループをつくって、チームの持つ力そのものを利用して、目標とする「習慣化」を進めることも有効です。京セラが提唱する小集団活動の「アメーバ」もそのひとつですね。そのためには、切磋琢磨の雰囲気が生まれるようなメンバーの組み合わせとチームリーダーの選抜、さらには、分かりやすい目標設定が重要になってきます。

自分で自分を強制できるもっともよい方法

上司やトレーナー、親や教師から見られていること、指導されることは、大きな「強制力」となりますし、チームでともに行うことは、自分で自分を強制することに役立ちますが、周りの人びとからの「評価」や「注目」、ときに「称賛」「期待」というのも、実は強い「強制力」として働きます。

もし、名経営者として世に知られるようになったら、その評価に応えるように優れた経営を続けなければいけないし、ダイエットする！　と宣言したら、必ず痩せるまで続けないと格好悪い、ということになります。

女優がいつまでもきれいなのは、常に周りから注目され、評価されているからでしょう。最近では、ちょっと太っただけで、ネットで「激太り」だの「劣化」だのと書かれてしまいますから。

というわけで、自分で自分を強制するのに役立ちそうなのが、

❺ 人から注目されること。

したがって、会社などでは、一人ひとりがそれぞれのゴールを宣言し、それを常に互いに見ることができるようにしておくというのも、ひとつの方法です。

わたしの会社（小宮コンサルタンツ）は十二人の小さな会社ですが、毎年四月に経営方針発表会を行っています。そこでは、各人からも五分程度で抱負や目標を述べてもらいます。紙でも配ります。その分、注目度も強制力も増します。

人から注目されることが習慣が身につくひとつの方法だとしたら、それぞれが、「注目」される状態を積極的につくってしまおうというわけです。

さらには、先にも少しふれましたが、体重の数字や歩いた歩数、営業成績などを日記や手帳などに記録するということも、メリットを目で見て感じやすいということとともに、実はある意味、**自分で自分に注目する**ということになっているのですね。これは、自分で自分に強制力をつけているとも言えます。

組織でも個人でも、習慣化でいちばん大事なこと

そして最後に、わたしがいちばん大切だと思うことを書きますね。

最初に、「実利的なメリットがあること」と書きましたが、それが、ただお金を儲けたいとか、自分だけ得をしたいとか、もてたい、ということだとすると、実は長続きしないかもしれません。いずれ「目標」がなくなってしまう可能性があるからです。

メリットではなくて、夢、さらにいえば、志が必要です。

中国の古典のひとつ『書経』に「物をもてあそべば志を失い、人をもてあそべば徳を失う」とあります。物質的なメリット、実利的なメリットだけを考えていると志を失ってしまうという意味です（後半部分は、人をもてあそぶようなことをしていると、人として大切な徳を失ってしまうという意味です）。

一方、**「志は、気の帥（すい）」**という言葉があります。

帥というのは、元帥の帥。師匠の師っていう字の右の上一本がない字です。師よりさらに上の親分！　つまり、志というのは気持ちの親分だ、という意味です。

ずーっと昔、わたしにもあまりやる気の出ないときというのがありました。三十代前半の頃です。その頃、たまたま、鍵山秀三郎さんという、全国をお掃除して回る運動をやっている経営者とお会いしました。

イエローハットという東証一部上場企業の創業者で、中小企業経営者の一部にものすごく慕われている方です。その鍵山さんとお話ししている中で、「ときどき、やる気が出ないときがあるんです」と口にしたら、ノートに書いてくださったのが、その言葉でした。

高い志があれば、さまざまな障害があっても、ここでがんばってみようとか、乗り越えてみようと思うことができます。続けることができます。

というわけで、「習慣力」の最大のポイントがこれです。

❻ 志がある

しかしすでに高い志をもっている人ならともかく、志なんてそう簡単には持てない人も少なくないでしょう。そういうときには、家族や友人、会社、社会などの中での自分の位置づけや役割をまず考えればいいのではないでしょうか。その中で自分は何をするべきを考えることが、志を持つ出発点になると思います。

「できない」を「できる」に変える七つのポイント

ここまで、「習慣力」のある人の「なぜ、できるのか?」を六つのポイントに絞って述べてみました(もちろん、ここに挙げた六つすべてが揃わなくても習慣力は身につきますが、できるだけ多くの条件が整うほうが有利なことは言うまでもありません)。

今度は逆に、「習慣力」のない人が「なぜ、できないのか?」の理由を考えてみます。そこから、「習慣力」を高めるポイントが見えてくるのです。

習慣化できる条件の裏返しとも言えますので、多少重複するところもあるかと思いますが、身に染みていただければうれしいです!

前述のように、習慣というのは、自然に身につくものではありません。

ですから、もし、なんでもなかなか続かない、どうしてもなかなか習慣にすることができない、としたら、方法論を知らないからなのです。

できない理由①短期的な必要性がない

やろうと思っても、なかなか続けられない、という人にいちばん顕著なのは、やはり、**短期的な必要性が少ない**ことだと思います。「必要は発明の母」とは逆の状態ということです。

短期的にも長期的にも必要がないことは、最初からやる必要がないわけですから、この場合、長期的には必要なことと重々分かってはいるが、短期的な必要性がないので、モティベーションが湧かない、ということでしょう。将来、海外転勤の可能性が高いのに英語の勉強が続かない、というようなものです。

だとしたら、方法はシンプルです。

メリットをその過程から十分に享受できる状態にすること、成果が目に見えて分かる状態にしておくこと、それによって、短期的な必要性をつくり出すことです。

さらには、先のライザップのところでも述べましたが、**「将来の」メリットをビジュア**

ライズするというのもとても有効です。英語が必要なら、海外勤務から帰ったばかりの先輩とときどき話をすることや関係する本をときどき読むことなどがこれにあたります。

イメージ化が重要なのです。

メリットというのは、必ずしもプラスの成果だけとは限りません。これをやっておかないとやばいことになる、というのも続けるモティベーションになります。わたしの糖質制限の例がそうです。

メリットを短期的にも感じやすくする具体的方法としては、

❶ 段階を設けて、都度、達成感が得られるようにすること

という方法が一般的にとられます。ピアノでも武道でも公文式でも何でも、この段階式をとり入れていますね！

長い間効果が出ない、成果が分からない、ということは、よほど忍耐力、精神力の強い人じゃないと、やっぱり続けられない。たとえば、少年野球をやっている子に、毎日五百回、素振りしなさいと言って、五年間、ただ素振りだけをやらせるとしたら、どうでしょう？

確かに五年経ったらものすごいバッターになっているかもしれないけれど、実際には、そうなる前にみんな辞めてしまう。超スパルタの親やコーチがいるなどのよほどの強制力がないと続かないでしょう。やっぱりときどきは試合に出してやって、少しでも素振りの成果を感じられるようにしてやらないと、なかなか続けられるものではありません（もちろん、プロ野球の試合に連れていき、憧れの選手の姿を見せることで、自身の将来像をイメージさせることも、続けさせるうえでは有効かもしれません）。

もちろん、これは「少年」に限ったことではなくて、大人だってそうです。むしろ、大人のほうが短期的なメリットを求めるかもしれません。

だから、仕事でも勉強でもスポーツでも、優れた指導者は、この「段階」の区切り方が非常にうまい。将棋でも、ソロバンでも、柔道でも、華道でも、必ず「級」や「段」がありますね（カラオケだって点数が出ます！）。仕組みとしてとてもうまい。難しすぎても簡単すぎてもダメ。部下や生徒が**ちょうどいいタイミングで達成感が得られるような区切り方**をするわけです。

短期的なメリットというのは、必ずしも数値や勝敗で表せるような成果に限るわけではなく、たとえば、達成感そのものも立派なメリットとなります。だから、毎日やりましたと、カレンダーに○をつけるだけでもいいわけです。

いずれにしても、達成感があってこそ、人は次に進もうとするのです。

できない理由②長期的な目標を見失う

さて、長期的に必要だと分かっていてもなかなか続けられない理由は、短期的な必要性を感じないことだと言いいましたが、もし感じたとしても、すぐには成果が出ないとなると、これまた、なかなか続けられません。だから、「段階」で区分けしたり、カレンダーに○をつけるようなことでもいいから、達成感を得られるようにすることをお勧めしているわけですが、一方で、すぐに成果が出ることばかりを優先させてしまうことの弊害もあります。長期的な目標を見失いがちなことです。成果や達成感が感じられないと続きませんが、だからといって、そればかりに集中して、長期的な目標を見失うとやはり結果として続かなくなるのです。

たとえば、企業の業績を短期的に回復させるもっとも手っ取り早い方法は、リストラによるコストカットでしょう。でも、それを長期的に続けられるのか、長期的な業績向上につなげられるのか、というと、話は別です。リストラやコストカットだけでは、長期的な発展にはつながりません。成果が出たからといって、長期的な業績向上にはならないのです。続かないのです。

ピーター・ドラッカーは、「マーケティング」と「イノベーション」こそが企業を発展させるために経営に求められるものだと言います。

マーケティングの「QPS」、すなわち、お客さまが求めるクオリティ、プライス、サービスを提供することが、まずは、企業が存続するためにとても大切なことです。ライバルより、お客さまにとってよりよいQとPとSの組み合わせを提供することがひとつの大きな企業の使命であり、発展の原動力です。

さらには、イノベーションです。イノベーションというのは、会社の組織や製造、流通などの仕組みをガラッと変えてしまうような変革です。そうでなければ、イノベーションにはならない。それは、短期では結果が出ない場合もありますが、長期的な会社の発展に大きく関わるものです。

❷ 長期的な成果を見据えたうえで、それを細かな段階に分け、都度、成果を確認し、達成感を得ながら進めていけるような工夫

長期的な成果を見据えたうえで、それを細かな段階に分け、都度、成果を確認し、達成感を得ながら進めていけるような工夫が必要です。つまり、目標や成果を細かく分けるのはいいけれど、長期的な目標を見失わないことが重要なのです。

つまり、短期と長期のバランスをとることが大切なのです。

来月の結婚式で格好いいドレスを着るために無理なダイエットをして、それに成功したのはいいけれど、それによって身体を壊して入院というのでは、問題があるのは明らかです。大切なのは、長期的な健康でしょう。そのためには、長期の目標やメリットも十分に考えなければならないということです。そうでなければ、物事は続かないのです。

できない理由③忘れる

一念発起でやろうとしたことがなかなか続けられない、会社で決められている行動指針のようにはなかなか動けない、その理由で案外多いのが、**そもそもやることを忘れてしまうこと**です。実際、かなりの場合、

目標を達成できないのは目標を忘れているからだったのです！

営業職でも、たいてい、きつい目標を持って、月初にはそれを達成すべく綿密な計画を立てるものですが、月中には、結構忘れている。具体的な数字やタスクを忘れているのです。で、月末が近づいてくると、急に計画表を取り出してきて慌てる……心当たりはありませんか？

というわけで、目標が達成できないのは目標を忘れているから。「東大合格」と壁に張り紙をするのもまんざら効果がないことではないような気がします。

だとしたら、なんであれ目標を達成するためには、まずは、

❸ 目標を目に見える場所に記しておく

ことです。

「はじめに」でもふれた神奈川ナブコさんでは、いまでは、毎月、各自が次の四つの目標を掲げることになっています（これは「強制力」の行使ですね！）。

１　お客さまが喜ぶ小さな行動の目標　　２　働く周りの仲間が喜ぶ小さな行動の目標
３　工夫の目標　　４　自己啓発の目標

ただ、立てるはいいけれど、なかなか実行されない。やがて制度が形骸化してしまいそうになっていく。最初はどこでもそうです。ところが、神奈川ナブコさんの場合、あるときから達成率が上がるようになったとわたしが感じた頃がありました。

それは、ひとりの社員が、パソコンの立ち上げ画面に目標を入れるようになり、みんながそれを真似するようになった頃からでした。直接、現場に行くのでパソコンが見られない人は、手帳の見開きに、目標を書いたポストイットを貼るようにしたそうです。

わたしは、毎晩寝る前に日記をつけて『道をひらく』を読むと言いましたが、お風呂から出たあと、書斎に入れば、机の上に『道をひらく』が乗っているし、日記もすぐ手に届くところに置いてある。だから、続けてくることができたとも言えます。健康のために飲んでいるレスベラトロールも、会社に来たら、部屋のデスクの隣の棚に置いてある。だから、飲み忘れることはありません。

わたしは少しお腹が出ていますが、ときどき会う親しい友人から、以前、「ふーっと強く息をして、お腹をへこませる運動をするといいよ」とアドバイスを受けたことがあります。その友人の顔を見るたびにそのことを思い出しますが、なかなかお腹がへこまないのは、会う回数が少ないからでしょう（笑）。

見えるということが忘れないということです。人も物も。

だから、忘れたくなかったら、

> **❹ やるべきことに必要なものを、**
> **目に見えて、すぐ手の届くところに置く**

ことです。

続かない人というのは、そうしなくてはいけないことも忘れてしまう人でしょう。
逆に言うと、**忘れないようになることが習慣化の第一歩**ということですね。

できない理由④強制力の欠如

新人の銀行員だったころ、わたしも大事なことを忘れてしまったことがあります。当時、為替課というところにいて、毎週月曜日に資料を持ち寄って、店内に配る為替レート等の指標のペーパーをみなでつくるのですが、その中でわたしは金（ゴールド）の値段を調べる係でした。といっても、土曜日の日経新聞で調べるだけです。

その週もいつもの週末のように一日半テニスをやって、月曜日会社に行きました。そして、金のレートは？　と聞かれて初めて、土曜日に調べることを忘れていたことに気づきました。そのときは、こんなこともあろうかと思っていたのでしょう、上司が土曜日の新聞を持っていて、差し出してきました。正直に申し上げると、そういうことは、一度や二度ではありませんでした。

そのときの寛容な上司には申し訳ないのですが、もし、おまえ、そこに立ってろ、とぐらい言われたら、二度と忘れなかったかもしれない。そういう意味では、やはり、習慣力のポイントの❷にあった「強制力」も必要なのでしょう。また、これは、チームでの仕事ですから、多少上司が甘くても、同僚や先輩から冷たい目で見られたり、あるいは強力なライバルがいたらまた違っていたかもしれません。評価上大きなマイナス点になるというようなデメリットでもあれば、さらに違っていたかもしれません。しかし、みな親切で、和気藹々としたチームでした。

自分のダメさ加減を周りのせいにするつもりはありませんが、チームでのゴールがなかなか達成されない場合のチェック項目としていただければと思います。すなわち、

❺ 強制力を持たせているか?
❻ 和気藹々なチームになってしまっていないか?

切磋琢磨の反対は和気藹々です。そして、和気藹々の社風の会社では、結果は出ません。みんなで傷のなめ合いをして、できない理由ばかりを考えてしまうからです。周りもできなかったんだから自分もいいかな、あるいは、自分ができないときもあるからあまりきつく言うのもなにかなと思ってしまうからです。

どうしたらできるのかを考える人たちの集団にしなければなりません。切磋琢磨の社風をつくることが必要です。

ただ、「自分の組織は和気藹々で甘い」と思っているとしても、あきらめてはいけません。まず、自分がしっかりすることです。それで結果を出し、周りを徐々に巻き込んでいくことです。周りになんとかしてもらおうとばかり思っていてはいけません。

できない理由⑤本音ではやらなくてもだいじょうぶと思っている

そもそも、なぜ決めたことを忘れてしまうのか？　といったら、それはやはり、心の根底ではどうでもいいと思っているからでしょう。もし、売上ゴールを忘れるとしたら、心の根底では達成しなければならないとは思っていないし、達成できなくてもなんとかなると考えているのではないでしょうか。痩せるための体幹ストレッチを忘れるとしたら、本心ではいまの体型のままでもだいじょうぶと思っているということです。もし、二ヵ月後に結婚式があるとしたら、あるいは、初恋の人と会える同窓会があるとしたら、忘れるどころか、いつもいつもダイエットのことを考えるはずでしょう？（笑）

では、なぜ、目標を目標として腹落ちできていないかと言えば、究極的には、そこに、夢を持てていない、志や使命感を見出していないからだと言っていいと思います。チームで言えば、自分がやらずに誰がやるんだ、といった気持ちです。だから、やはり、志や使命感を持つことが大事なのです。

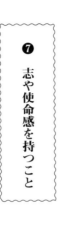

❼ 志や使命感を持つこと

長期的な成果を出すためにも、悦楽的ではない人生を送るためにも、会社としての志、個人としての志や使命感を持つことが大事なのです。

いますぐに見つからなくてもだいじょうぶです。ずっと求めていれば、きっとひとつの啓示のように、あるときひとつの言葉になります（孔子だって「天命を知る」に至ったのは五十歳になってからですから！）

ただ、それが必要だと気づいていること、それが不可欠な第一歩です。


というわけで、この第1章の後半では、習慣力のない人の「事情」を挙げてみました。基本的には、習慣力のある人の特徴の裏返しと言えますが、その中でもっとも留意すべきは、そもそも、**これを続けようと決めたことを「忘れてしまう」こと**でしょう。

ということはつまり、

やると決めたことがいつも目に入る状態にしておくこと。

それが、自分自身にとっても、部下やチームの指導においても、成果に至る早道です。

「できない」を「できる」に変える六つのポイント

❶メリットを十分に享受していること
成果が目に見えて分かる
❷強制されること
❸日常生活に組み込まれている
時間と場所を決めておくこと
やるべきことに必要なものを、目に見えてすぐ手の届くところに置く
❹切磋琢磨できる仲間がいる
❺人から注目されること
❻志がある

「できない」を「できる」に変える七つのポイント

「できない理由①」短期的な必要性がない→

❶段階を設けて、都度、達成感が得られるようにすること

「できない理由②」すぐには成果が分からない→

❷長期的な成果を見据えたうえで、それを細かな段階に分け、都度、成果を確認し、達成感を得ながら進めていけるような工夫

「できない理由③」忘れる→

❸目標を目に見える場所に記しておく

❹やるべきことに必要なものを、目に見えて、すぐ手の届くところに置く

「できない理由④」強制力の欠如→

❺強制力をもたせているか?

❻和気藹々なチームになってしまっていないか?

「できない理由⑤」本音ではやらなくてもだいじょうぶと思っている→

❼志を持つこと

第2章

習慣力を身につける具体的な方法

最初に書きましたように、習慣力は自然に身につくものではありません。本能的な欲望に基づくこと以外の行為を習慣にしようと思ったら、それなりの工夫と努力が必要です。

習慣力のある人とは、その方法論を知っていて実際にいくつかのよい習慣を身につけてきている人のことで、習慣力のない人というのは、その方法論を知らないだけのことです。

その方法論の基本と概要は、すでに第1章で述べました。この章では、それを、本書を読んですぐに実行できるような具体策に落とし込んでお話ししたいと思います。

第1章と重複する部分もあるかもしれません。ちょっとしつこいぐらいに同じことを繰り返すこともあるかもしれません。あらかじめお断りしておきます。なぜなら、この本の目的は、「習慣力」について理解していただくことではないからです。実際、さほど目新しいことが書いてあるわけではないな、とすでに感じている方もいるかもしれません。でも、では、あなたは、そのすでに「知っている」ことができているのですか？　と、そういう話です。

というわけで、始めます。なんらかの行動が、習慣になっていく、すなわち、朝起きたら顔を洗うように（これだって親の躾がなければ習慣化されなかったはずです）、意識することなく、ごく自然に日常生活の中に組み込まれていくプロセスは、五つのステップ、さらに、その五つは、大きく二つのフェーズに分けることができます。

最初のフェーズは、それを習慣にしようと決めた初期の段階。次のフェーズが、**まだまだ意識して行っている段階**です。気を抜くと、すぐ忘れてしまいます。次のフェーズが、意識して続け始めた行動を**無意識のうちに行えるようにしていく段階**です。次のようになります。

フェーズ１　強制力などを利用して、始める
ステップ１　とにかく始める
ステップ２　忘れないで、行動し続ける
ステップ３　メリットを感じる
フェーズ２　無意識のうちにやっている
ステップ４　やらないと気持ち悪い
ステップ５　無意識でやっている
習慣化完成！

フェーズ1　強制力などを利用して、始める

ステップ1　とにかく始める

❶ 始めたら、半分終えたも同じ！

わたしの好きな言葉に、〝Once done is half done〟というのがあります。いったん始めれば、半分終えたも同じだ、という意味です。とにかく始めることが大事。

たとえば、日記をつけるのがいいなと思ったら、続くかな、続かないかな、なんて考えずに、まず始める。早寝早起きもそう。まずやってみる。要は、何でもいいから、とにかくよいと思われることを始めてみることです。それが大事です。

（ちなみに、ビジネスマンに必要な基本的な能力は「思考力」と「実行力」だとわたしは考えていますが、とにかく始める、やってみるという習慣は、「実行力」を高めるうえで

もとても有効だと思います。）

子どもや部下など、人にやらせる場合は、第1章でお話しした「強制力」を用います。自分で行う場合は、**自分で自分を「強制」**します。

たとえば、ストレッチをするまでは食事をしない。日記を書くまでは寝ない、などです。チームでやるなら、次回の会議では、最近読んだ本の内容を報告するなどです。子どもの場合だと、宿題をするまではおやつを食べさせない、遊びに行かせないというようなことです。

また、「いいな」と思ったことでリスクの小さなことも、やってみることです。「いいな」と思ったことなので、それほど強制力がなくてもやれるのではないでしょうか。とにかく始める、やってみる、です（何を始めたらいいか思いつかない方には、次の章で、身につけるべき「成功する人の習慣」のリストをご紹介しますので、参考になさってください！）。

❷ 人のためを考える

若い人はとかく早起きが苦手です。学生など最たるものでしょう。ところが、会社に勤めるようになると、みんな少なくとも遅刻しない時間には起きるようになる。出勤が、「強制力」になるわけですね。

そして、子どもが生まれて保育園や幼稚園に通い始めるようになると、さらに早起きになります。送り出す時間が決まっていたり、子どものお弁当をつくらなければならなかったりするからです。

時間に制約のない独身の人が、単に、早起きは健康にいいから早起きしよう！　と思っても、なかなか起きられない。続かない。でも、人のため（特に子どものため）となると、結構続きやすいものです。メリットが大きくなるからとも言えますが。

だから、子どもがいない、あるいはすでに大きく育ってしまった人は、動物を飼うというのも手です。特に犬。それも中型犬以上。早く起きて、散歩に連れて行かないといけませんから。

❸ 宣言する

有言実行。こういうことをやります。たとえば、フィットネスに行きますとか、本を書きます、年間営業ゴールを達成します、などと宣言するわけです。だって、そんなふうに言って、できなかったら、格好悪いじゃないですか。だから、メンツにかけてがんばる！　会社なら目標シートを毎月提出させ、それを毎月月末などに、自分とともに上司がチェックするというのも有効です。

そうやって、**周囲の人の目という「強制力」をつくってしまう**わけです。

昔、本を何冊か出させていただくようになった頃、百冊、単著を出す！　とあちこちで宣言するようになりました。なぜ百冊かというと、最初のうちは、本を出させてもらったはいいが、なかなか売れない。でも、世間では、たちまち十万部とかミリオンセラーとかいう声が聞こえてきます。そうか、やっぱり著者と名乗るからには、百万部は売れなきゃ。でも、そんなに売れない……。

そこで考えたのです。一冊で百万部は無理でも、一冊平均一万部として、百冊書けば百万部いくんじゃない？　と。

そう思ったのは、三十代半ばのことでしたので、六十五歳までとしてもあと三十年ある。一年に平均三冊出せば百冊いくな！　と。で、最初、数冊出したところに、百冊書きますと、宣言し始めたわけです。もちろん、書くことが楽しいと感じていたことは間違いありません。書くのは結構しんどいときもありますが、それでも楽しくなければ続きませんから。

百冊書くと言っても、当然、誰も信じませんでした。けれども、二十五冊目ごとに自分で出版記念パーティをやるようになって、その都度、百冊！　とわたしが言うものだから、いつもパーティにいらしてくれる親しい方々は、もう覚えてしまって、それがよい「強制力」となり、そして、二〇一四年にはとうとう百冊目のパーティを行うことができました（百冊目はディスカヴァーから出してもらった『社長の心得』です！）。そのときには、ほとんどの方が「小宮さん、二百冊目は、いつになりますか？」とおっしゃいました。わたしは二百冊書くなんて、言っていないんですけれどね。

有言実行。言ったことは守る。これがとても大事です。信用の「信」という字は、「人の言葉」と書きますね。**言ったことを守る**ということです。**そうすることによって、実行**

力がつきます。

とにかく有言実行。宣言することはなんでもかまいません。週に一回、ジョギングします、といったことでもいい。

なんであれ、宣言して、それを実行する。

ひとつ成功すると、自信がつきます。信用ができます。実行力がつきます。

そうやって、もっと大きなことも実行できるようになります。

❹ 期日を決める

先ほどの本の例をとれば、六十五歳までに百冊と、三十五歳のときに決めたわけです。だから、六十五歳になる前、五十代後半で、達成することができました（わたしはせっかちなもんで、なんでも先にやっておかないと、気がすまないところがあります）。累計発行部数も、百万部ではなく、三百七十万部ぐらいになりました。もし、期限を決めなかったら、本を書くことはわたしの本業ではないので、やはり進められなかったと思います。やはり、期日を設けないと、物事は進まない。明日でいいか、明後日でいいか、と思ってしまうものです。期日は、大きな「強制力」になります。

また、期日が、三十年のように長いものの場合は、必ず、年に三冊とか四冊とかといった具合にブレイクダウンさせる必要がありますね。六十四歳になっていきなり五十冊書く、なんてこと、できませんから。そして、ブレイクダウンした数字が現実的なものでなければならない。自分の実力に合ったものでなければいけません。無理は続かないのです。

❺ 仲間と始める

わたしの会社にもお客さまにも、朝、ランニングをやっている人たちがいますが、聞くと、友だちや会社の仲間といっしょにやっている人が多いようです。朝集まって、勉強会をやっている人たちもいます。ひとりではなかなか続けられないから、仲間という「強制力」をつくるわけです。

第一章でも触れましたが、周りに同じことを始めようとしている仲間がいなくても、いまは、フェイスブックなどのＳＮＳで比較的簡単に見つけることができます。

それこそ、ＬＩＮＥで自分がどこまで進捗したとか、今日は何キロ走りましたとか、体重は何キロ痩せましたとか、そういうことを交換して、続けているのです。

❻ やらなくてもいい条件を決めておく

決めたことが続かなくなるきっかけのひとつが、たとえば風邪をひいて寝込んでしまったとか、何か不可抗力が働いて今日はできない、ということのようです。理由は仕方のないことであっても、やらない日があると、それを契機に自然消滅に向かってしまう。

これについて、クライアントの方から教えていただいた方法が、「あらかじめ、こういうときはやらない、と決めておく」というものです。

その方は、不摂生がたたって病気になったことをきっかけに医師の勧めもあって、ウォーキングを始めたそうです。早起きして、会社に行く前に、一日二キロ、三、四十分。

そのときのポイントが、雨の日は歩かない、と決めたことだというのです。それから、気温が何度か以下の日は歩かない、というのも決めた。そうすることによって、気分的に楽に続けていられる、というのです。

何がなんでもやらないといけないと思うと、それがストレスになります。まじめな人は特にそうです。やらない条件をあらかじめ決めておくというのは、よい方法です。逆に、決めた条件以外の日は、必ずやる、というコミットメントにもなります。

また、苦痛やデメリットとメリットとのバランスとも関係しますが、毎日はやらなくてもいい場合もあります。特にフィジカル系の場合には、肉体疲労などのこともあり、毎日はやらない。その代わり週に三日はやる、と決めておくのです。

❼ できない場合の代替案を考える

それでも、やらないでいい条件以外の理由でできないこともあるでしょう。それを放置すると、続けない言い訳、できない理由が重なって、やはり続きません。そこで、七番目に挙げるのが、どうしてもできないときには、その代わりにどうするかという代替案を決めておくこと。

たとえば、週に三回ジムに行くと決めていても、出張などが続いて行けないときもあります。そんなときに、出張だから仕方ない、ではなくて、その日は朝、三十分出張先で散歩をする、などと決めておくのです。ホテルのベッドで十五分ストレッチをする、というのでもよいでしょう。**常にバックアッププランを持っておく**というのは、ビジネス上の課題に対応するときと同様です。

仕事上のバックアッププランを持つことの重要性については、経営コンサルタントとして独立したてのころ、一代で一部上場会社をつくった社長から言われたことでもあります。何かプランを立てるときは必ず、二の矢、三の矢を持ちなさい、と。一本目の矢でダメだったら、はい、さよなら、やめます、あきらめます、ではなくて、次の二の矢にいく。それがダメなら、三の矢と。

人間というのは、放っておくと、やらない理由を考え始めます。いくらでも考えられる。やらないことを正当化する理由を考えつくことについては、ほとんどの人がもう、天才級です（笑）！

だからこそ、やる理由を考える。できないときはそれに近いことでやることを決めておく。そうやって、自らを「強制」しておくのです。

❽ がんばりすぎない

あるお客さまで、毎日二万歩歩くと決めた方がおられました。これが、とてもまじめな方で、結構年配の方だったにもかかわらず、雨の日も、雪の日も、日が短くなって外が暗い季節には早朝から電気がついていて明るい駅の周りをぐるぐる回ってでも、二万歩歩いておられました。毎日、歩数を手帳につけておられたそうです。

でも、ちょっとやりすぎてしまったんでしょうね。無理がたたって、入院してしまいました。入院してしまったら続けられませんし、そもそも健康のためのウォーキングだったはずですから、本末転倒、元も子もありません。

だから、がんばりすぎない、無理しない。それが、結局、物事が続く秘訣です。

ステップ２　忘れないで、行動し続ける

❶目標をいつも見えるところに書いて置いておく

先に、神奈川ナブコさんの例で示したように、目標達成の確率が高くなったのは、社員一人ひとりが目標を忘れないようになったことが大きいと、わたしは考えています。
それを知ったとき、わたしは悟ったわけです。

目標を達成できない大きな理由、
目標を達成するための行動が続かない大きな理由は、
目標自体を忘れてしまうことにあるのだと。

だから、目標達成のために最初にすべきは、目標をいつも見えるところに置いておくとだったのです。ちょっと背伸びした目標がいいとか、そういうことよりもまずは、**忘れないこと、そのための工夫が**いちばんだったのです！

朝、出社したらすぐにパソコンを立ち上げる人はパソコンの立ち上げ画面に、そういう環境にない人はポストイットに目標を書いて手帳に貼っておく。一ヵ月単位などの目標だけでなく、今日の夜の予定はと、手帳を開くと、ポストイットに深酒するなと書いてあるとか。翌日もつきあいがあるなら、そのポストイットを翌日のところにまた貼り直す。寝る前に必ずやろうと習慣づけたいことがあったらパジャマに貼っておく。いくらでも工夫の余地はあります！

これに関連して、**目標を立てることを忘れない**ことも大切です。わたしは、毎月一日に、仕事とプライベートの目標を立てることを勧めています。たとえば、仕事に関する本を一冊読むとか、美術館に行くなどです。ただ、この月間目標を立てること自体を忘れることも少なくないので、ディスカヴァーから出している『ビジネスマン手帳』には、毎月一日のＴｏＤｏ欄に「月間目標を立てる」と印字してあります。**毎月1日にその月の目標を立てることを、毎月一日のＴｏＤｏにしている**ということです。

❷ 仲間と経過を確認し合う

ステップ1で、仲間と始める、と書きましたが、その仲間と経過を確認し合うことです。ＳＮＳを使っている人も多いと思いますが、それで連絡し合うのも有効です。その目標専用のメーリングリストやグループ、スレッドを立てるといいかもしれません。

❸ 同じ時間、同じ場所で、同じパターンで行う

これについても、第1章で書きましたね。同じ時間、同じ場所でやる。これも、実は習慣化の大きなポイントです。

先にも話しましたが、たとえばわたしは、朝は電車の中で日経新聞を読み、夜はお風呂から出たら、自室で日記を書き、『道をひらく』を二項目四ページ読んで、次に立ち上が

って横にあるエキスパンダーをとって、十回ほど腕の筋トレ。それから、寝室に行ってストレッチして寝る。同じ時間、同じ場所、同じパターンで行うことで、忘れないのです（そして、日記やエキスパンダーがすぐ目の前にあるということも重要です）。

わたしは、ゴルフはあまり上手ではありませんが、ドライバーで打つときも、ルーティンが決まっています。そのルーティンで打席に入らないと打ちにくいのです。これと同じでルーティンを決めてしまえば、それと同じことをやらないと、なんとなくしっくりこなくなるものです。

少し変わったところでは、わたしは通勤で利用している四ツ谷駅の階段を上がり始めると、英語の構文が頭に浮かんできます。その理由は、以前、結構熱心に『50イングリッシュ』（サム・パク著、ダイヤモンド社）という本を読んでその五十の構文を覚えたのですが、その際、通勤時に四ツ谷駅の階段を上るときに、その構文を五十、小さな声で言うことを習慣化していたのです。このため、いまでも四ツ谷駅の階段を上るときには、その構文が頭に浮かんでくる、というわけです。

ステップ３　メリットを感じる

最初は、内外からの「強制力」を用いて、力業でとにかく始めたものが、それらを離れても自分の意思で続けよう！　と思うようになる段階です。実は挫折がもっとも多く発生する段階でもあります。ここで、重要なのは、モティベーションをどう維持するかです。

❶ 小さな目標を立てて、達成感を味わう

長期的な大きな目標は、中間目標を立て、さらに**小さな目標に分割**して、その都度、達成感を味わえるようにすることが継続するポイントです。

目標を分割するとは、**目標を段階的に分けていく**ことです。たとえば、わたしの経営コンサルタントとしての仕事では、働く人の働きがいを高めるとか、顧問先の会社の売上・

利益を上げるという最終的なゴールがあるわけですが、働く人の働きがいを高めるためには、たとえば、こういう教育を行うとか、こういうツールを使うなどといった中間目標があるわけで、それらの一つひとつが分割された目標になります。

ここで、その分割された目標について、毎回、ここまではできたと、**満足感**、**達成感を味わえるようにしておく**ことが大事です。そのためには、**目標と結果を可視化**できる状態にすることです。「見える化」です。

ダイエットで、毎晩、決まった時間、たとえばお風呂から出たあとに体重を量るのは、その典型ですね。少しでも減っていると、明日もがんばろうというモティベーションが湧きます。スマホアプリの歩数計で何歩歩いたかを確認するのも達成感を得やすいですね。

昔、大学受験の数学の問題集で、右隅に三角の絵が描いてあって、ひとつの章が終わるごとに、三角をひとつずつ切っていって、それを貼り絵みたいに貼っていける、というのがありました。最後の項目までやると、ひとつの絵が完成するようになっているのです。そうやって、達成の様子を可視化していたわけですね。

このように、達成感を味わうことによって、**脳が強化**（と言っていいのかどうか分かりませんが）されていき、さらにいっそう達成意欲が高まります。

❷　メリットのある目標を立てる

メリットを感じることが、習慣化のポイントだとしたら、当然、目標も自分にメリットのあるものでなければなりません。

どうせ資格をとるのだったら、それをとることによって給料が上がったり、できる仕事のレベルが上がるようになるものを目指すべきでしょう。

早起きして、一時間前に出社するという目標を立てれば、その頃は電車はまだ空いているので、座れるし、新聞も読めて、満員電車の不快感もない、といったメリットが感じられるでしょう。

ランニングを習慣づける目標なら、体重が落ちるとか健康状態がよくなる、爽快感が得られる等々、そのときに感じられるものがありますね。マラソンに出る準備として、42・195キロ走れるようになったら、走れた！という達成感があるでしょう。

いずれにしろ、自分にメリットがあること、それを実感できることでないと、なかなか続けられないものです。

❸ 仲間と成功例、失敗例を共有する

ステップ1でも2でも、仲間を持つことの重要性について書きましたが、このステップ3では、仲間を持つことによってメリットを実感するために何ができるか？　を考えてみます。それは、ひとことで言えば、第1章でお話しした「切磋琢磨」。そのために、互いに、成功例や失敗例を共有します。たとえば、仲間をつくって資格試験を目指す場合、いっしょに事例研究もできるし、情報交換もできます。一発で受かった人はみんなから褒められるし、通らなかった人は激励を受ける。

独学だと投げ出してしまうようなときでも、仲間がいると格好悪いからやめられない。さらには、職場以外の仲間を見つけられれば、ふだんとは違う情報や感覚を得られるというメリットもあります。

❹ 目標を達成したときのイメージを描く

大学受験で第一志望校に受かったら、自分もうれしいし、親の喜ぶ顔も見られる。時間

的にも自由になるので、いろんなところに自由に行ける。好きな部活に打ち込める。高校時代、そんな状況をイメージしながら、勉強していませんでしたか？

ダイエットなら、痩せたときの自分の体型をイメージし、隣に美女やイケメンをイメージして、ついにんまりしてしまうとか。ライザップやエステの広告など、まさにそうやって、メリットをイメージさせているわけです。

❺ できなかったときのみじめな姿を考える

逆に、できなかったときのみじめな姿を考える、つまり、続かなかった場合のデメリットを考えることが、続けるモティベーションになることもあります。たとえばわたしが糖質制限ダイエットをしばらく続けたのは、それをしないとたいへんなことになると、医師に脅かされたからでした。

早起きしなかったら満員電車で、スマホを見ることすらできずに無為に、不快な時間を過ごさなければなりません。煙草をやめる努力を続けなかったら、健康上の不安はもちろん、いまの世の中、結構不自由な思いで過ごさなければなりません。

STEP1　とにかく始める

とにかく始める

宣言し、公言する

仲間をつくる

STEP2　忘れない

やることを書いておく

同じ時間に、
同じ場所で行う

STEP3　メリットを感じる

失敗例、成功例を
共有する

すぐ結果の出ることに
目標を分割して行う

メリットと必要性を知る

フェーズ2　無意識のうちにやっている

最初は、強制力を用いて始めたことも、だんだんと自然に身についてくるようになり、やがて、無意識のうちに行うようになっていれば、習慣化の完成です。

その過程では、次の二つのステップを踏むことになります。

ステップ４　やらないと気持ち悪い
ステップ５　無意識でやっている

この二つのステップを速やかに進むための方法を三つ、挙げていきます。

❶ 好きなこと、夢中になれることをやる

雨の中でもゴルフしている人がいますね。好きなことは続けやすいものです。雨の中でも旅先でもランニングしている人もいます（当社のお客さまで、旅先の海外でもホテルの廊下でうさぎ跳びをしていた方もいらっしゃいました）。しないと落ち着かなくなっているのでしょう。

好きなことは続きやすい。嫌なことは続かない。だから、いちばんいいのは続けないといけないことを好きになることです。長く続けていれば、やがて、しないと気持ち悪くなります。つまり、好きになります。だからポイントは、

好きになるまでやれるかどうか

です。

『道をひらく』の中に、座禅でも最初は作法がとても堅苦しく感じるものだが、しばらく

続けているうちに、その作法を一つひとつ、きちんとやらないと、気持ち悪くなってくる、というようなことが書いてある部分があります。それは、心が高まり、好きというレベルに達したということです。少なくとも、身についたということです。

最初は嫌なことでも、そういうレベルまで続けることが大切なんだと思います。

❷ 目標を達成したらご褒美

ある程度、目標を達成したら、自分で自分にご褒美を出すことも大事です。そうすると、やる気も出ます。

ただ、ここで気をつけないといけないのは、低い目標でもいいからとにかく**目標達成をしたら、そのことに対してご褒美を出すのであって、そのためにがんばっているという、そのがんばりにご褒美を出すのではない**、ということです。

「がんばってる自分にご褒美」っていう、あのコピー、わたしは好きではありません。なぜなら、社会人は常に、アウトプットで評価されるし、されるべきだと思っているからです。アウトプットも結果も出なかったけれど、がんばったよね、が通用するのは小学生までです。

何か分かりやすい可視化できる目標を設定し、それを達成したらご褒美を出す、と決めておくべきでしょう。

たとえばわたしは、時計が趣味なので、十万部の本が出たら時計を一本買うことにしています。これまでに四本買えました（うち、三冊はディスカヴァーさんの本でした！）。いまのご時世、十万部というのは結構高いハードルなのですが、ちょっと高めの目標を立てておいたほうが、やりがいはあるんじゃないかなと思います。

❸ときには自分を甘やかす

以前読んだ本の中にあったストレスマネジメントのひとつの方法が、「ときには自分を甘やかす」ということです。あんまり目標目標、継続継続と言っていると、やっぱりしんどくなってしまいます。

ダイエットでも、受験勉強でも、たまには、ダイエットも勉強も忘れる日、遊ぶ日をつくるのもいい。いずれにしろ、無意識にやってしまっている段階だからこそ、必要なことかもしれません。

一度甘やかしたらすぐに忘れてしまう、いつもいつも自分を甘やかしてしまう、という心配のない状態になったら——**ときには、自分を甘やかす。**

ステップ1　とにかく始める

❶ 始めたら、半分終えたも同じ！
❷ 人のためを考える
❸ 宣言する
❹ 期日を決める
❺ 仲間と始める
❻ やらなくてもいい条件を決めておく
❼ できない場合の代替案を考える
❽ がんばりすぎない

ステップ2　忘れないで、行動し続ける

❶ 目標をいつも見えるところに書いて置いておく
❷ 仲間と経過を確認し合う

❸同じ時間、同じ場所で行う

ステップ3｜メリットを感じる

❶小さな目標を立てて、達成感を味わう
❷メリットのある目標を立てる
❸仲間と成功例、失敗例を共有する
❹目標を達成したときのイメージを描く
❺できなかったときのみじめな姿を考える

ステップ4｜やらないと気持ち悪い

ステップ5｜無意識でやっている

❶好きなこと、夢中になれることをやる
❷目標を達成したらご褒美
❸ときには自分を甘やかす

第3章

成功する人の習慣

第1章と第2章では、「習慣力」を身につける、あるいは身につけさせる方法について、わたしの経験から実践的にお話ししました。

では、いったいどんな習慣を身につけたらいいのか？

成功する人は、どんな習慣を持っているのか？

逆に、とかく陥りがちな悪習、ただちにやめるべき悪い習慣にはどんなものがあるのか？

この章では、それらを挙げていきましょう。

ちょっとしたことが多いのですが、**成功する人はちょっとしたことがたくさん違う**と思っています。

たくさんのちょっとしたことを習慣力で身につけて「紙一重の積み重ね」でしっかりと積み重ねていけば、きっと成功します。

全部はできないかもしれませんが、目標や理想を持つことが大切です。「散歩のついでに富士山に登った人はいない」のです！

1　身につけたい成功する人の習慣

成功する人の習慣❶一日の終わりに、その日を振り返って反省する

身につけるべきよい習慣として、まず、とにかく第一に必要なのは、振り返りと反省。優先順位のトップです。これなしには、習慣力もなにも身につきません。この先にお勧めする具体的項目も、とにかくやったら振り返り反省する。**反省しないと、積み重なりません。**わたしの日記はそのための手段です。

多くの人が、毎日毎日、一生懸命同じことをやっています（多くの仕事が基本的には同じことの繰り返しです）。そこで、レベルを上げながらやるのか、ずっと同じレベルでやっているかの違いは、反省するかどうかにかかっています。

仕事をしていく中では、失敗することもあるでしょう。それは人間だから仕方ありませ

ん。大切なのは、同じ失敗を繰り返さないことです。**人生には、同じ失敗を何度も繰り返している暇はありません。**

反省することによりレベルが上がっていきますから、さらに、得られるメリットも大きくなりますし、レベルが上がれば、苦痛やデメリットのレベルが低下していくのです。とはいえ、人は誰でも、失敗すればある程度は反省して、振り返ります。差がつくのは、ひとつは反省の真剣さです。

そしてもうひとつ大切なことは、成功したときにも反省できるかどうかです。

成功者は、成功したときも振り返ります。

なぜかというと、ただ運がよかっただけのことというのも、ビジネスの世界ではよくあるからです。ライバルが突然潰れたとか、そういうことがあるわけです。それを自分の力、自社の力だと勘違いすることから、悲劇が生まれます。運には再現性がないからです。これはビジネスだけでなく人生でも同じです。

ですから、やっぱり反省しておかないといけないのです。そうしないと、積み重なっていきません。

振り返る方法は、なんでもいい。わたしは日記に書きますが、プロジェクトが終わったあとに反省会を開くという方法もあるでしょう。

知り合いの、関西では有名なテレビのキャスターは、毎日、手帳を見返すと言っていました。手帳を見返し、その日、起こったことを振り返って、あそこをこうすればよかったとか、ああしたらうまくいったなとか、今度はこうしてみようなどと、ひとり反省会をするのだそうです。


『論語』の中の有名な言葉に、「吾日に吾が身を三たび省みる」とあります。反省すれば人間、謙虚にもなれます。反省しないと、どうしても傲慢になってしまいます。これでいいと思ってしまいます。だから、反省する習慣を持つことです。それも、ときどきではダメ。毎日。それどころか、一日三回！

頻繁に振り返るほど、早く先に進めますし、人生の経験が積み重なるのです。

成功する人の習慣❷メモをとる

人間は忘れる動物ですから、これだ！　と思うことは、ポイントだけでいいですから、いつでもメモをとることです。全然メモをとらない人がときどきいますが、とてももったいないなと思います。少なくとも、わたしの知っている成功している人はみんなメモをとります。松下幸之助さんも、セブン&アイ・ホールディングスの創業者、伊藤雅俊さんもそうです。

伊藤雅俊さんと親しい何人かの人が口を揃えて言うのが、伊藤さんが誰の話を聞くにも、必ずメモをとるということでした。十五年ほど前に初めてその話を聞いて以来、わたしも、人の話を聞くときにはいつも、要点だけはメモをとるようになりました。

ただ、ここで注意しなければいけないのは、メモをとるだけのメモ魔に終わらないこと。メモをとること自体で安心してしまわないことです。

メモは、それをあとで見直し、活用してこそ、価値があります。

たとえば、わたしの場合、先にもふれましたように、社外取締役をしている会社が六社、顧問をしている会社が五社、レギュラーや準レギュラーのテレビ番組が三つ、講演が年に百程度あります。テレビの生放送や役員会のように、その場で、質問に答えて話さなければいけないことも少なくありません。

そうした場合、的確に、その場でわたしに求められていることを話すには、さまざまな情報が自分の頭のデータベースの中で整理されていなければなりません。このとき、外部データベースは役に立ちません。テレビの生放送や講演している途中に、外部データベースにアクセスなんてできないですからね。あくまでもそのときに頭の中にあるものだけで勝負しなければなりません。脳のデータベースがいざというとき使える状態になっていないといけないのです。

メモは、そのためにあります。自分の頭のデータベースを充実させ、整理するための手段なのです。メモをとって、それを見返すのです。

だから、いろいろな場でわたしがお勧めしているのは、

一日一個でいいから、これだ！と思ったことをメモする

ことです（だから、わたしがプロデュースした『ビジネスマン手帳』（ディスカヴァー刊）には、今日の気づきを書く欄があります）。

繰り返しますが、メモをとることは気づいたことを頭に定着させるうえで役に立ちます。けれども、ときどきそれを見直して、脳のデータベースを整理し、リフレッシュしておかないと、いざというとき引き出せません。

メモして安心しているだけではダメなんです。でもメモしない限り忘れます。だから、重要なことだけは、きちっとメモする。やたらメモをとってはいけません。そして、

重点をメモして、ときどき見返す。そして頭のデータベースを活性化する

これがポイントです。

成功する人の習慣❸自分から挨拶する

松下幸之助さんの『道をひらく』にも、挨拶を軽んじてはいけないというくだりがあります。やっぱり人と人とが接するいちばん最初が挨拶じゃないですか。毎日の挨拶というのは、想像以上に重要です。

挨拶は、人と人の「意識」をつなげるからです。

わたしはいつも、「コミュニケーションは、意味と意識の両方を伝える」と言っています。たとえば、部下に、どこどこを訪問してくださいとか、これを百部コピーしてくださいなどと指示するのは、「意味」を伝える行為です。ここで、部下の立場に立ってみると、同じことを好きな上司に言われたら喜んでやりたいけど、嫌な上司に言われたら本当はやりたくない。それは、相手と「意識」が共有できているかどうかの違いです。心理学的に言えば、相手に対する心理バリアの高さの違いです。

では、その心理バリアの高低がどうやって決まるかというと、毎日の挨拶の与える影響が大きい。ふだんから挨拶しない人とは、意識がつながっていません。だから「意味」を言っても、通じにくい。相手は、心からやりたいとは思わないわけです。

挨拶は、相手の自分に対する心理バリアを低くするうえでとても大事なのです。心理バリアの低さが、好きだという気持ちにつながります。

ここで、メールについてお話ししておくと、メールは意味を伝えるにはとても便利な道具ですが、意識は伝わりにくいため注意することが必要です。

で、忙しい人になると、一日に何百通も来たりします。わたしも仕事柄、Ccのものも含めて、結構な数のメールが来ます。

もちろん秘書にもCcが入っているので、だいたい秘書も見て分類してくれますが、やっぱり意識の伝わっている人からのものとそうでない人からのものとでは、自然にこちらの読み方が変わってきます。

意識が共有されている人からのメールは、ちゃんと読もうかと思うし、すぐ対応しようかと思いますが、よく知らない人からのものは、途中まで読んで、まあ、いいかと思ったりします。それは意味の問題ではなくて意識の問題なんです。

だから、わたしが部下たちによく言うのは、メールだけでなく、電話も使ってみたら、ということです。電話のほうが意識が通じやすいからです。もちろん、いちばんいいのは、訪問すること。直接会って、コミュニケーションをとることです。

よく頭がいいのに、人を動かせない人がいますが、そういう人は、「意味」で人が動くと思っているのです。そして、「意識」を伝える術を知らない。

衆議院議員や参議院議員の選挙になると、政府の有力者や野党の有力者が、各地方に直接やって来ます。立候補している本人も、直接市民に会いに来ます。握手して回ります。

人はやっぱり、見たことがある人、握手したことがある人と、それらが全然ない人とでは、少しでも接点のあった人のほうに、好感を持つものなのです。どんな立派なことを言っているかという「意味」のレベルではなく、「意識」のレベルで、動かされるのです。

人は、意味ではなく、意識で動く。


そして、その原点が挨拶なのです。

朝来たら、おはようございます。帰りは、失礼します。

出かけるときには、行ってまいります、行ってらっしゃい。それから帰ってきたときは、ただいま戻りました、お帰りなさい。

気がついた人は、全員、声をかけ合います。

そうした中で、社内の意識が共有されていきます。


何を当たり前のことを、と思う方はよい会社にお勤めです。わたしは昔、大企業に勤めていましたから、それが当たり前ではないことがよく分かります。部屋から出るときも、入ってくるときも無言。何も言わずに出かけて、何も言わずに帰ってくる。社内にいる人も、気がつかないまま。

それでは単に仕事をしているだけ。意識の共有がありませんね。昔はそれでも、帰りにちょっと飲みに行くか、というのがありましたが、いまはそういう時代でもないようですし、それよりふだんから互いにきちんと挨拶することで、十分意識の共有はできます。

それと、これは、挨拶というのかどうか分かりませんが、「ごちそうさま」と言う習慣もわたしはとても大切にしています。

自宅ではもちろん、外食先でも。成人した子どもも、家ではもちろん、外でわたしがごちそうしたときにも、わたしに「ごちそうさま」と言うべきだと思っているし、実際、うちの子どもはそのように小さいころから躾けてきたので、そうしています。わたし自身ももちろんそうです。

それから、お店の人にも。高級な店だけでなく、ファミレスであろうが牛丼屋であろうが、「ごちそうさま」と言って帰るのが礼儀ではないでしょうか。普段からのそういう習慣で、人に好かれるか嫌われるかに、結構差がついてきているように思います。

成功する人の習慣❹メール即返信

メールに即返信すること。返信が遅いと、やはり心配になるときもありますよね。ちょっと考えてから返信しないといけないときもありますけれど、その場合でも、じっくり考えますので少々お時間くださいますか、という内容でもいいので、まずは、即返信すること。そのほうが信頼度も高まります。すぐ返信しないと気持ちが悪い、となるように、習慣づけてください。

さらに、わたしの先輩で、大成功している人の場合は、Reを使わずに新規で返信が来ます。必ず、タイトルが変わって返信されてくるわけです。案件によっては、Reでつながっていたほうが、整理しやすい場合もありますが、件名が変わっていることで、印象が強くなる効果があります。

成功する人の習慣❺健康管理のための習慣を持つ

健康管理こそ、日々の積み重ね。生活習慣病という言葉があるくらいですから、まさに習慣が健康を決定すると言っても過言ではありません。食事、運動等、人間ドック等での結果に基づき、自分に必要な行動を習慣化しましょう。

健康そのもののためだけではありません。体調が悪いと、ほかのことも習慣化できません。やる気も出ません。さらに、健康じゃないと周りの人も心配しますし、迷惑をかけることもあります。結果、大きな仕事が来なくなります。

やはり、健康がすべての基盤なのです。

何をするかは、人によって違っていいのですが、わたしは、まず一日八千歩、歩くことを心がけています。先週の数字を見たら、週のうち四日間は達成していました。（以前は一万歩を目標にしていたのですが、八千歩がちょうどいいと言っていた人がいたので今は八千歩を目標にしています。）

このためには、できるだけ移動に公共交通機関を使うようにしています。

帰宅にはお酒が入ることが多いので、タクシーを使うことも少なくないのですが、朝は電車ですし、会社（麹町）からたとえば大手町まで講演の仕事に出かけていくようなときには、地下鉄に乗ります。そんなふうにしていますと、自然に一日八千歩は歩くことができます。地下鉄の場合、階段も多いので、より運動になっているのではと思います。

実は、都会に暮らしていると、移動にタクシーを使わないだけで、結構歩くことができます。地方のほうが車社会で、歩く機会が少ないようです。実際、毎年行っている後継者ゼミでの妙高山への早朝登山で、なかなか登れないのは、いつも自然に恵まれた地方に住んでいる人たちです。

週末は家で物書きをしていることが多いので、天気が悪くない限り、夕方、一時間ぐらい外出して歩くようにしています。気分転換にもなりますし、いろいろなものを観察することもできます。季節の移り変わりや人が何をしているかも結構分かります（人が何をしているかは電車の中でも観察できて面白いですよ）。そういう点でも、歩く習慣を持つというのは、とてもいいことだと思います。

それから、わたしは寝る前にストレッチをします。どうしても身体は硬くなりますから。

また、インフルエンザのシーズンには特に重要ですが、そうでなくても、帰宅したら、手洗いとうがい。外出先から菌を持ってくることもありますから。

これこそまさに習慣の問題です。

より積極的な習慣としては、エスカレーターやエレベーターを使わない、というものもあります。わたしの場合は、エレベーターに乗らないというのは体力的に結構厳しいこともあるので、無理には行いませんが、エスカレーターの場合は、足で上ることも可能な場合も多いので、できる限り階段を用います。そうでなくても、ときどき駅などで階段を上ってみるのもよいでしょう。知り合いのドクターに聞いたら、筋肉量、特に足の筋肉量をある程度保つことは老化予防にもとてもいいそうです。

より積極的な健康管理のための習慣としては、週に何度かは会社の帰りにフィットネスクラブに寄って帰る、というのもあります。最近は、リーズナブルな価格で通えるフィットネスクラブがあちこちの駅の近くにできてきていますので、利用したいものです。

成功する人の習慣❻整理整頓。デスクの上も、部屋の中も、出したものは片付ける

実は、わたしもそんなに片付けや書類の整理が得意なわけではありません。ただ、何かちょっと大仕事を始めるときは、まずは、部屋とデスクの片付けから始めます。そうすると、生産性が上がるからです。

ただ、わたしの場合、ひとつ流儀があって、デスクワークの途中で出かけなくてはいけない時間がきてしまったときや、急なご来客があってデスクを離れなければならなくなったとき、あるいは、続きは明日にして今日は帰ろう、というときなど、やりかけの仕事の書類は資料などをあえて片付けずにそのままにしておくのです。というのも、きれいに片付けてしまうと、再開するときに時間がかかるからです。そのままにしておけば、戻ったときにすぐに仕事に入れます（再開も含めて、何をするにも、やり始めに結構エネルギーが必要で、その抵抗力を減らしておくためです）。

同じような理屈で、たとえば、打ち合わせが終わってから何本かメールを打つ必要があるような場合、あえて一本のメールのアドレスだけ入れてメール画面を立ち上げたまま、打ち合わせに入ったりします。そうすると、打ち合わせ終了後、ただちにメールを打ち始められます。

仕事の遅い人というのは、わたしが見る限り、仕事の処理速度というより、**仕事に取りかかるまでの時間が長い。仕事が早くなるポイントは、早く取りかかること**だったわけです。だから、

すぐに取りかかれる状態をつくっておく

ことで、効率が上がります。

ただし、不要なものが机上に残っていると、必要なものを探さなければいけなくなります。そして、実はわたしたちは思いのほか多くの時間を「探しもの」に使っているものです。だから、探しものをしなくてすむように、いらなくなったものは片付けたり、捨てた

りする習慣をつけておくことが必要です。

この「探しもの」をしなくてすむようにするためには、習慣も重要です。

決まったところにものを置く

かつてお客さまに教えてもらったのは、机の中のものが入る位置を決めておく、そのためにウレタンフォームで形を切ったものをつくる、という方法でした。わたしは机の右上の引き出ししかやっていませんが、はさみならはさみ、ホチキスならホチキス、消しゴムなら消しゴムと、入る位置を決めてしまうのです。ウレタンフォームを二重にして、上の一枚だけ切り抜きます。

左の写真はわたしの机ですが、よく見ると、はさみが少し斜めに置かれているのが分かると思います。これはウレタンフォームを切るときにきちんと測らなかったからではなくて、取り出しやすい角度にしているのです。

教えてくださった社長さんは、

定品、定量、定位置

と呼んでいました。

必要なものがすぐに取り出せるし、なくなったらただちに補充できるし、余計に入れることができないので、使いかけのボールペンが何本もたまってしまう、というようなこともなく、文房具の在庫を持たないですむようになりました。

そして、何より、時間的にも精神的にも楽になりました。

成功する人の習慣❼ ToDoリストを書き出し、優先順位をつける

ToDoリストを書く欄がついている手帳は珍しくありませんが『ビジネスマン手帳』もそうです！）、それを使いこなしている人は多くはありません。まして、そのToDoに、優先順位をつけている人となると……。

手帳で重要なのは、スケジュールとToDoをきっちりと把握し、スケジュールの合間にToDoをこなしていくことです（スケジュールとは、来客や会議のように時間が決まっていること、ToDoはいつまでやるかは決まっているが、それほどきっちりやる時間が決まっていないことです）。

スマホのカレンダーではなく、紙の手帳のほうがいい理由でもあります。

そして、書き出したToDoに優先順位をつけて、優先順位の高いことから、スケジュールの合間にどんどんやっていくのです。

わたしの場合、連載を月に十本持っているので、締め切りに合わせて優先順位を決めて書いていかないと締め切りを守れなくなってしまいます。もちろん、時間が空いたときには、締め切りがずっと先のものも書いておいたりしますが。それだけではなく、メールの返信や電話などのＴｏＤｏもたくさんあります。

ＴｏＤｏと優先順位については、部下にものを指示するときにも重要です。たとえば、わたしのスケジュールに合わせて会議や講演のための資料を用意しておいてもらうようなとき、ぎりぎりに言われたら、部下だって困ります。締め切りの日時と併せて、できるだけ早めに伝える必要があります。

また、いくつかの仕事を重複して指示している場合、どうしても物理的に難しい場合も出てきます。その場合、仕事の重要性に基づいて時間の優先順位をきちんと伝えておくべきです。そうすれば、部下は、パニックになることもなく、無用なミスやトラブルを防ぐこともできます（と言いながら、わたしもぎりぎりで資料の差し替えを頼むこともありますが……）。

では、ＴｏＤｏリストをいつ書くのか、ですが、わたしは思いついたときにすぐ書くよう、習慣づけています。電車の中であろうと、家にいるときであろうと。そうしないと、すぐ忘れてしまうからです。スタッフに頼むことも、書いておきます。何か頼むということもＴｏＤｏのひとつです。

ＴｏＤｏに優先順位をつけるということは、仕事に時間の概念を持つことでもあります。どのくらいの時間がかかるのか、かけるべきなのか。それらを考えたうえで、時間を配分します。

人に頼むときも同様です。さらに、相手には自分が依頼する仕事以外にもやることがいろいろあるわけですから、その人ならどのくらいの時間がかかるのか、かけてもらうべきなのかを考え、期限を設定して、依頼します。

このとき重要なのは、たとえ自分の秘書であっても、人にものを頼むときは、人の時間を使うのだ、という気持ちを持つことです。

基本的には、できるだけ早く、分かった段階から依頼しますが、相手が非常に忙しいときに頼むのは得策ではありません。聞く耳を持たないこともありますし、忘れられてしまう可能性もあります。相手の状況を見ながら頼むことが大事です。

時間的余裕を持って、相手の状況を見て、頼むのです。

成功する人の習慣❽笑顔

電車の中を見渡すと、多くの人が怖い顔をしていますね。もちろん、意味もなくにこにこしているのも怖いですが、普通の顔をしていても、なんとなくにこやかな雰囲気でいられたらいいなと思います。

それには、ふだん人と接するとき、笑顔でいることです。そうすると、普通にしていても、穏やかな顔でいられる。ふだんから威張っていたり、怒っていたりすると、年齢とともに、それが表情ジワとなって染みついてしまって、いつも怖い顔になってしまうのです。

仏教の言葉に、「和顔愛語（わげんあいご）」というのがあるのを知っていますか？

和やかな顔、優しい言葉。

これと同じことです。

三十代の前半のころ、船井幸雄さんとお会いしたことがあって、そのとき、船井さんに、小宮さん、にこにこしてるといいことありますよ、と言われたのが、とても印象的でした。船井さんとはその後、二十年ぐらい経ってから対談集を出させていただいたので、そのときのことを申し上げると、やはり、笑顔でいることは大事だよ、とおっしゃっていました。

確かにそのとおりで、怖い顔をしていたら、人も寄ってきません。歳をとるほど、偉そうにしている人が増えてきますが、本当に偉くなる人は、たいてい気さく。権威的というのから、驚くほど遠いものです。

たとえば、セブン＆アイの創業者の伊藤雅俊さん。わたしの会社のすぐ近くにセブン＆

アイ・ホールディングスの本社と、そこに直結した直営のデニーズがあります。わたしはそのデニーズで伊藤雅俊さんを二十回ぐらい、お見かけしました。もう九十歳を超えていらっしゃるはずですが、杖をついてわざわざデニーズにお食事にいらしているのです。実際にお店に足を運ばないと、店の雰囲気も、サービスの状況も、分からないからでしょう。で、わたしたち来店客とすれ違ったりするわけですが、そのとき、必ず挨拶されるんです。それから、デニーズに食事に来ている自社のスタッフとも、必ず何か一言、二言喋っています。アルバイトの店員さんたちに対しても、そうです。偉くなる人は、そんなふうに、挨拶でも笑顔でも、一歩踏み込むんです。

そういえば、ソニーの盛田昭夫さんもそうでした。若いころ、銀行を辞めて岡本アソシエイツにいたとき、岡本さんに、盛田さんのところへ何度か連れて行ってもらったことがあるのですが、若造のわたしに対しても、やはり気さくに喋ってくれたものでした。

本当に偉くなる人は、そういうものです。怖い顔をして威張っているのは小物。心理学的には自信のなさの裏返しです。

成功する人の習慣❾読書と勉強

読書もまた習慣です。本好きは、読まずにはいられない、外に出たちょっとした隙間時間に読む本を持ってきていないと落ち着かないものです。ところが、最近は、そういう隙間時間を埋めるものとして、スマホが出てきてしまいましたので、やはりそのせいで、読書人口は減っているのかなと思います。

確かに、読書といっても、漫画やエンタメ系の小説を読む習慣の人は、それはそれで読書習慣を持たない人よりも格段にいいのですが、ここでわたしが言う読書とは、勉強のための読書です。知らないことを知るための読書です。知らないことに気づくと、知りたくなる、で、その知りたいことを知らせてくれる本を読む、そういう読書の習慣です。

なかでも、若い方にお勧めしたいのは、歴史を知ることです。歴史といっても、鎌倉時代に何かがあったとか、江戸町人文化がどうだったかなどというのは、悪くはないですが、かなりの部分、趣味の世界だと思います。

そうではなくて、ビジネスマンとして知っておいたほうがいいと思うのは、明治以降の近代史。明治維新から日清戦争、日露戦争、そして、日中戦争を経て、日本は第二次世界大戦で完膚なきまでに敗れるわけじゃないですか。そして、戦後のGHQによる占領と復興。学者ほど知っていろとは言いませんが、日本がどのような歩みをしてきたのか、それは、日本のいまの制度、経済、社会、政治のあり方、そして、わたしたちの生き方、価値観に、非常に大きな影響を与えています。

それらを知ろうとしないなんてもったいない。そこから学べることはたくさんあります。それらを知ることで、現在と未来を考えることができます。

歴史を学ぶということには、多様な視点を知るという側面もあります。歴史の解釈の問題ではありますが、その解釈によって現在の世界観が百八十度変わることもありますから。

たとえば、日本は結局、太平洋戦争に突入していき、それで三百十万人の日本人が亡くなっています。ドイツは、もっと多くの死者を出したらしい。いったいなぜ、あんな悲惨な戦争に突入していってしまったのか。いまはそんなことはないと言い切れるのか？　ああいうことを繰り返さないためには、やはりその経緯を知ろう、本当のところを知ろうとすることが大事だと思いませんか。

あるいは、長い間、明治以降、特に戦争までの間は、薩長に都合がいいように歴史が描かれてきたという部分もあったのと同じように、現在は、与党政府、現在の政権に都合がいいように、歴史が書き換えられているとまでは言わないけれど、不都合なことは書かないということもあるのではないか、そう思いませんか。

お隣の大国のことを見れば分かるはずです。日本には言論の自由があり、他国と比べても比較的、情報コントロールがなされていない国ですが、それでも、隣国が完全に他山の石というわけではないかもしれない。

こんなふうに、歴史、特に近代史をきちっと勉強することは、いまを生きるうえでとても大事だと思います。

もうひとつ、いま読書を通じて勉強するといいと思うのは、アート、美術です。教養としての美術史、というのが、最近ビジネスマンの中の一部で、流行っているようですが、わたしはむしろ、アートは直観力を鍛えるのに役に立つと思っています。

そういう意味では、ことアートに関しては、美術批評や美術史を読むだけでは不十分ですね。やはり、先に引用した「これを知るものはこれを好むものに如かず。これを好むものはこれを楽しむものに如かず」との論語の教えに従い、実際に美術館に行って、本物に触れる、そして、楽しむことです。好むことと楽しむこととの違いは、実際に体験するかどうか。絵を自分で描くのもいいですが、美術館で、見るのも体験です。

このとき、予備知識なしで見て、美しいと思うのも大事ですが、その作者と作品の歴史的背景や作者自身の人生など、そういうものを知ったうえで見ると、また、見え方の深さや角度が変わってきます。そういう意味では、読書だけでは不十分ですが、見るだけでも不十分。両方が伴うことで、「勉強」になります。感性が鍛えられます。

たとえば、モディリアーニが描く女性は、極端に首が長いのですが、それは彼がもともと彫刻家を目指していたからじゃないでしょうか。あくまでも、わたしの解釈ですが。でも、モディリアーニが彫刻家を目指していたということを知ったうえで、彼の絵を見たとき、そこに非常に彫刻的なものを感じたのです。

ピカソの「ゲルニカ」は、多くの人が教科書などで見たことがあると思います。一般によく知られる鮮やかな彩りのピカソの絵、特にそれまでの絵とは異なり、暗い、怖い絵だなと、思っていました。実際、それは、ドイツ空軍によって受けたゲルニカの村の悲劇と戦争の悲惨さを訴えた絵だと教えられましたが、後にその実物をスペインで見たときの圧倒的な存在感は、とても言葉で語れるものではありませんでした。

そんなふうに、一回見に行って、またちょっとバックグラウンドなどを勉強してから見に行くというようなことをすると、面白い発見がたくさんあります。いろいろなことが頭の中でつながって、見えない部分が見えてくることが面白いのです。わたしは気に入った常設展など、三回は見るようにしています。

ただやはりアートは、最終的には、美か美じゃないか、ということだと思います。それは個人の感性ですが、その感性は、たくさん見ないと鍛えられない。それも、いい絵をたくさん見ないとダメ。そして、できれば現物を見るのがいちばんいいのです。

もうひとつ、アートを学ぶ、楽しむことにより、美的感覚や直観力が得られると思います。これだけ情報量が多く、それも広い範囲でのカバーが必要な時代、情報をベースにした論理を組み立てるのではとても結論が出ないことも少なくありません。論理さえ十分に組み立てられないかもしれないのです。そうしたときには、研ぎ澄まされた直観力で決めるしかありません。

直観というとなにか非科学的な感じもしますが、ふだんから感性を鍛え上げ、経験を十分に積んだ人の直観は、へなちょこな論理の積み重ねになんぞ優に勝ると、わたしは思っています。

事実、多くの会議に出ていて感じるのは、経験や論理的思考力が浅い人の理屈よりも、経験ある人の直観のほうが正しいということです。前者が百時間かけてつくったプレゼンペーパーよりも、後者の数秒の直感のほうが正しいことが多いのです（もちろん、前者の直観などはまったく役にも立ちません）。

そのためにも、ふだんからアートに接し、直観力を鍛え、真善美を直感で分かるレベルになれればいいですね。

成功する人の習慣⑩工夫と時短

仕事ができる人、というのは要するに、生産性が高い人、ということなのですが、そういう人に共通するのは、常に、自分の生産性を向上させるための工夫をしているということです。いかにしたら、より短い時間で、いかに多くの、そして付加価値のあるアウトプットができるか。

それによって、より多くの人に喜んでもらえるからです。

では、どうしたら、工夫できるのか？

それは、常に、やや負荷のかかる仕事をすることです。

すると、必要に迫られて、工夫することになります。「**必要は発明の母**」なのです。また、いろいろなところで書いているように、**グッド（good）はグレイト（great）の敵**。そこそこ、やっていては工夫は生まれません。

そこそこやるだけでも食べていけますし、これからはともかく、これまでは、いったんある程度の規模の会社に入ってしまったら、よほどのことがない限り、クビになることもなく、給料はそこそこ上がっていきましたから、一人前になったところで、まあいいかと満足してしまう人が多かったのでしょう。特に、一流になる前にベテランになってしまうとそうですね。誰も文句もフィードバックも、言ってくれなくなりますから。

でも、**一人前と一流は違います**。

一流になりたかったら、とことん工夫して、とことんやることです。

一歩踏み込むことを習慣化することです。

基本的には、忙しく仕事したほうがいいとわたしは思っています。少なくとも、成功している人はみんなそう。いつそんな時間があるんだろう、といった仕事量です。アウトプット量です。本当に忙しくなると、否応なしに工夫しますから。

この本でも別の本でも書いていますが、わたしも過去には、多いときで月十六本の連載、月十回ほどの役員会の出席、年百カ所以上の講演、月に八回のテレビ出演、そして年間十冊ぐらいの本の出版をこなしてきました。いまでも、そこまでではありませんが、相当量、働いています。

なぜ、そこまでするのか、とよく言われますが、やりたいと思う仕事を頼まれてしまうからです。そうすると自然に負荷がかかってきて、で、必要は発明の母なので、ちょっとでも空いた時間を使うべく工夫する。その工夫することそのものが好きだとも言えます。

もちろん、講演にしろ、原稿書きにしろ、時間を確保することも大事ですが、それ以上に大事なのは、その中身です。中身の質が伴わなかったら、あっという間に、仕事は来なくなります。そして、これだけアウトプットの場があると、ネタは、あっという間に尽きてしまいます。

だから、道を歩いていても、人と会っていても、常に、これ面白そうだな、と思ったらメモします。この章のはじめにも書いた「メモをとる習慣」です。


また、同じ時間を割いても、さくさく原稿が書けるときと、なかなかうまく書けなかったり、エンジンがかかるのに時間がかかるときというのが、やはりあります。それには、体調を整えておくことと、もうひとつ、書く時間とタイミングを決めておくことがいいようです。

たとえば、当社で発行しているメルマガ、あれはだいたい一二〇〇字なのですが、東京駅から、東海道新幹線に乗ってすぐに、パソコンを開き、新横浜駅を過ぎるあたりまでに書くことにしています。十五分です。ときどき小田原近くまでかかってしまうことがありますが、そのときは、調子が悪いことのサインなんです。

でも、小田原を通過するまでには、必ず、書き上げます。コツは、新幹線に乗り込んだら、すぐにパソコンを立ち上げること。何しろ、新横浜まで十五分ですから、すぐに立ち上げないと、それだけで時間が過ぎてしまいます。

そして、テーマは乗る前に決めていること。これは絶対です。乗ってからテーマを考えているようでは、小田原どころか、名古屋を過ぎても書き終わりません。でも、テーマさえ決まっていれば、あとは、タイピングの速さだけですね。

そして、新横浜を過ぎて小田原を通過する前ぐらい、相模川あたりまでに、二回、文章を読み返し、そして、送信です。

文章の書き方のテクニックの話はまた別の機会に譲るとして、ここでは、新幹線に乗ったら勝手に身体が動くくらいに習慣づけておくこと、すると頭もそういう状態になります。そこが重要です。もちろん、その大前提として、そのメルマガを書くというＴｏＤｏもきっちりと把握していなければいけないことは言うまでもありません。

成功する人の習慣⓫アウトプットする

さて、わたしが原稿を書くとき、テーマを決めるためのネタは、おもに、観察と新聞です。わたしの場合は経済ネタや経営ネタが中心ですので、そういう点では、新聞を読めば、毎日、ネタはいくらでも見つかります。

新聞など情報源に触れるときには、アウトプットをベースにしたインプットをする

ことです。これも習慣です。

勉強というと、やたらインプットに努める人がいますが、アウトプットを想定したインプットをしないと、発想力や問題解決力には、つながりません。ただの物知りに終わります。そもそもインプットの深さも違ってきます。必死さが違いますから。だって明日までに何か書かないといけないと思ったら、やはりそういう必然から、新聞を読み、人や街を観察しますからね。すると、近いうちに行う講演などのテーマに関する話題なども、自然に目に飛び込んできます。

そうやって、アウトプットをしていくことによって、関心のフックが広がり、インプットの幅も広がっていくため、同じ時間を新聞を読むことに費やしていても、そこから得られるものは、ますます増えていくことになります。

いいアウトプットを出せば、よりよい仕事が来て、よりよい仕事が来ると、いっそういろいろなものに関心を持つことになり、インプットの量と質が上がり、またアウトプットの質と量が上がる。いい循環が生まれます。

逆に言うと、アウトプットを意識しない限り、本当の意味でのインプットはないのです。

では、一般の人がアウトプットの場をどうやってつくるか、ですが、いまはブログでも、YouTubeでも、ＳＮＳでも、誰もがアウトプットすることができます。本当にいい時代です。

本書の編集もしてくれているディスカヴァーの社長の干場さんが勝間和代さんを見つけたのも、モルガン勤務時代の彼女のブログを偶然読んだからだと聞いています。「もしドラ」（『もし高校野球の女子マネージャーがドラッカーの『マネジメント』を読んだら』）も、ダイヤモンド社の編集者が、岩崎夏海さんがネットに書いていたのを見つけたからだそうですし、サンマーク出版から出て一時ブームになった「開脚本」（『どんなに体がかたい人でもベターッと開脚できるようになるすごい方法』）だって、編集者が著者のYouTubeを見て、本になると思ったからだそうです。ｎｏｔｅといって、誰でも自由に課金できる有料ブログを書けるサービスもあります。

もちろん、ＳＮＳだけがアウトプットの場ではありません。会社で簡単なプレゼンをするのも、上司への報告も重要なアウトプットです。人に何かを発信するのはすべてアウトプットです。周りの人に何か冗談を言って笑ってもらう、それも立派なアウトプットです。その質を高めながら、量を増やしていくのです。そうすれば、まずは周りから、そのうちにその周りの範囲が広がり、多くの人がそのアウトプットに気づくようになるのです。

そういう意味では、インプット好きな人こそ、アウトプットの習慣を持つべきです。それによって、成長スピードは加速されます。

成功する人の習慣⓬早起き

時間を有効に使うには、やはり早起きがいいと思います。

朝はだいたい五時四十分に起きて、六時四十分ぐらいには家を出て、七時二十分過ぎに会社に着く、というのがわたしの基本的なパターンです。そうすると、会社の始業は九時ですので、それまでに、資料の整理とか連載の原稿書きなどの自分の仕事ができます。

もちろん、疲れているときにはゆっくり出勤することもあります。無理をしないことが長続きする大きなポイントです。

出張に出るときには、新幹線だったら、新幹線の中。飛行機の場合は、これも早く出かけていって、空港のラウンジを原稿書きや新聞を読むのに使います。

わたしは、新卒で銀行員になったころから、朝は早いほうでした。早く起きて早く会社に行くと、朝の時間が使える以外にもいいことがあります。

まず、みんなが何をしているのかよく分かることです。ぎりぎりに来る人には、早く来た人たちが何をしているのか全然分かりません。誰と誰が仲がいいとか、そういったことも分からないものなのです。

それから、一般に出世する人は朝が早いので、当然、上司、特に仕事ができる上司も早く来る人が多い。で、上司の覚えがよくなる、ということもあります。思いついたことを言って反応を見てみたい、社内の様子で聞きたいことがある、上司だって、そんなことを思っているもので、その場合、とりあえず目に入った、早くいるやつに声をかけたりするものです。

就業時間が始まると忙しいのはみんないっしょですから、余計な話は互いにしにくい。

でも、朝のゆとりのある時間帯なら、というわけです。もちろん、部下も逆に、上司に相談しやすくなるでしょう。まさに、早起きは三文の徳です。

さて、現在のわたし自身の生活リズムのお話に戻ると、疲れているときは、入眠時間はほぼ同じですが、逆に七時過ぎぐらいまで寝ていて、十時ごろ出勤することもあります。そこで無理すると、余計にペースが狂ってしまいますから。だから、出勤は、七時二十分か十時。要するに、満員電車には乗らないのです。新聞を読めませんし。

つまり、早起きといっても、無理してはいけない、ということです。それでは、習慣になりません。

だから、睡眠はやはり七時間はとるようにしたほうがいいと思います。つまり、五時四十分に起きるということは、夜は十時半過ぎには寝るということです。

もちろん、夜の会食も結構多いのですが、その場合も、帰宅したらすぐお風呂に入って日記を書いて、『道をひらく』を読んで、布団の上で若干ストレッチをして、すぐ寝る。二次会に行かなければ、十一時前後には寝られるはずです。

よくなかなか寝付けない、横になっても眠れない、という方がいらっしゃいますが、だいじょうぶ、横にさえなっていたら身体は休んでいますから、一睡もできなかったつもりでも、結構身体は休んでいるものです。そして、翌日には、身体のほうが欲して眠れるはずです。

というわけで、早起きの習慣には早寝が必要で、そのためには、ムダな残業と二次会には参加しないと決めることが必要でしょう。最近は二次会禁止の会社も出てきたようですので、昔と比べたら、二次会に行かないから人間関係がやりにくくなる、ということはないと思います。

わたしはお酒を飲んだときはタクシーで帰ることにしています。トラブルに巻き込まれる可能性も低いし、時間の節約にもなります。つまり、早く眠れるということです。翌朝も朝から全開で働けます。二次会にかかる費用をタクシー代にしていると考えると、そう高いものではありません。

この人は二次会、三次会は行かない人だと分かったら、誰も誘わなくなりますし、アウトプットさえ出していれば、文句を言われることもないはずです。ただ、お酒が飲めないからと、一次会も行かないとなると、実際のところ、商談も人間関係の構築も難しくなるかもしれません。

だから、一次会で切りをつけて、十一時には床に就く。そういう習慣をつけることです。

成功する人の習慣⓭積極思考

習慣というと、行動が中心（この本でもそう）なのですが、実は考え方にも、人によって癖というか傾向があり、それもある意味、「習慣」だと言えます。代表的なのが、「積極思考」と「消極思考」です。

なんであれ物事の積極的な側面に目を向け、肯定的にとらえる習慣の人と、何を見てもすぐ、消極的な側面に目がいき、否定的にとらえる習慣の人がいます。

もちろん、積極思考の人が成功します。消極思考で成功した人というのは、見たことがありません。

では、どこでその人が積極思考の人か消極思考の人かが分かるのかというと、わたしの基準は、

「人を心から褒められるかどうか」

です。人をけなしてばかりの人がよくいますが、そういう人は、人のいい面を見ていない。悪い面ばかり見るから、けなしたくなるんです。誰にでも、いい面はあり、そこが見られる人は、人を褒めることができます。

それは、事にあたっても同じです。何かやろうというとき、いつも、やらない理由ばかり考える人がいますが（いわゆるお勉強的な頭のいい人に多いのですが）、それは、物事の悪い面しか見られないからです。

成功する人というのは、まずやる理由、できる方法を考えます。

物事の肯定的な部分を見るからです。

もちろん、何でも無謀にやればいいというものではありません。松下幸之助さんは、六割やれると思ったらやる、と言っておられました。

六割というのは、感覚的なものですが、要するに、やれないと思う要素のほうが多かったらやらない、でも、やれるという要素のほうが少しでも多かったらやってみる。足りない部分は、熱意と努力でカバーする、とそういうことです。

そのとおりだと思います。ただ、この場合でも、まったく同じ条件でも、六割やれると思う人と、九割方できない、と思う人がいるわけで、そこが、積極思考の人と消極思考の人の違いです。

自分が消極思考だと思う人は、やらない理由より、やる理由を考えること。それから、人を心から褒めてみようとすることです。つまり、人のいいところに目を向ける。

それは、強い組織をつくることでもあります。プロ野球でも、最下位だったチームが、監督が替わった途端に優勝するということがあります。組織は、リーダー次第。正確に言うと、リーダーに積極思考の習慣がついているか次第です。

つまり、長所を生かすということですね。営業は優秀だけれど書類を書かないから迷惑だというのではなく、だったら、彼（彼女）の書類は別の、書類づくりは得意だけれど、営業が苦手な人がやるようにすればいい。それがチームワークというもので、チーム力を向上させるポイントです。

松下幸之助さんは、長所七割、短所三割で、短所もきちっと見ないといけないですよと言ってらっしゃいました。多くの人はこれを誤解して、短所を矯正するために短所も見なければならないと考えますが、そうではなくて、その三割というのもきちんと見極めたうえで、ほかの人にどうカバーしてもらうかを考えるのが、リーダーの仕事なのです。

チームのいいところというのは、互いに、人の短所をカバーできることとです。多様なメンバーで構成して、その組み合わせを考えるのが、チームづくりの醍醐味です。だから、こまごまと、人の短所ばかり指摘して矯正しようとする人には、リーダーは向きませんね。メンバーに普通になる努力をさせていたら、チームもまた普通のままです。

重要な大きなところについては、ダメなことはダメだと、きちっと言うのがリーダーです。けれども、『論語』にもあるように、小さな徳ができていないのをくどくど言っても、人を伸ばすことはできません。

ただし、褒めることと、おだてることは違います。いいところをいい、と言うのが、褒めること。ダメなところもすごいね、と言うのが、おだてることです。部下を、特に、若い部下をおだててはいけません。ダメなところをすごいと言うと、なんだ、こんなものでいいのかと、人は仕事を甘く見ます。おだてた上司のことも甘く見ます。それは、その人の将来の芽を摘みます。

ダメなことはダメ。でも、すごいところはすごいと心から褒める。それが大切です。

成功する人の習慣⓮人を喜ばせる

成功する人は、人を喜ばせることが上手です。わたしの高校の先輩にもあたる人で、ビジネスで大成功している人がいるのですが、その人がすごいのは、たとえば、昨年、わたしが自分の会社の会長になったと挨拶状を出したら、自ら花を運んで持ってきてくれたんです。花を贈ってくれた人は何人かいましたが、秘書同士で打ち合わせたのでしょう、わたしがいる時間に、自分で持ってきてくれたのです。インパクトが違いました。

その人は、稀勢の里の後援をしていて、稀勢の里が優勝したときは、部下といっしょに、肉百キロ、段ボールに入れて持っていったと言っていました（笑）。

成功する人は、人を喜ばせる術を知っています。人を喜ばせることが好きだからです。ある意味、人を喜ばせるので成功し、人を喜ばせるために成功しているとも言えます

2　なれる最高の自分になるためにやめるべき習慣

やめるべき習慣❶夜更かし

成功する人の習慣のところにも書いたように、二次会、三次会に行かないようにするだけで、夜更かしの習慣はかなり減るのではないでしょうか。

二次会、三次会は、時間の問題だけでなく、アルコールによって眠りが浅くなる、という問題点もあります。自宅にいるときも、寝酒と称して、遅くまでひとりでお酒を飲む習慣は、健康のためにもやめたいものの筆頭です。朝から絶好調でいるというのが、ビジネスで生きるわたしたちにはとても大事なのです。

作家など、ひとりでする仕事をしているのなら別ですが、たいていのビジネスシーンは朝から夕方までの昼間です。朝から不調だというのでは、せっかくの舞台でベストパフォーマンスを出せないと思いませんか。朝からこそが勝負なのです。

二週間も早起きの生活を続けていれば、早起きの習慣がつきます。そのためには、適度な時間に床に就くことが大切です。

やめるべき習慣❷暴飲暴食

仕事柄、多くの中小企業の経営者の方とお会いしているわけですが、やはりストレスが多いのか、暴飲暴食によって健康を害している人が少なくありません。知人の中には、五十代、六十代で亡くなる方もいます。でも、借金残して、経営者が死んじゃいけないんです（たとえ、借金がなくても）。不幸になる人がたくさん出てくる。やはり、周りの人のためにも、生活を変える必要があります。

そうでなくても、人間は食べ物でできていますから、食生活が身体に表れ、それが頭の働きも決定します。身体の調子が悪いと、頭の調子も悪くなるし、感情もおかしくなる。だから、やるべき習慣を身につけると同時に、やめるべき習慣はやめなければいけません。セルフコントロール力が問われます。

まずは、ライザップのような強制力の強いところに行って、ダイエットするのもひとつの手かもしれません。

もうひとつは、病気になる前の注意。予防が大切です。わたしは、自分の健康のラインを上げるために、ビタミン点滴やマッサージ、鍼（ハリ）などの施術に通っています。クリニックに定期的に行って、血液検査など行って数値を見ていけば、自然にいまの生活習慣をあらためようという気になると思います。

多くの人は、自身の健康ラインがある一定以下に下がってから、つまり、病気や不調になってから病院や鍼（ハリ）などを受診しますが、わたしの場合は、その一定ラインに下がる前にクリニックに行くのです。

もちろん、健康保険はききませんが、病気でいままでのペースが乱されたり、場合によっては仕事ができなくなることに比べれば、ずっといいと思います。四十八歳で初期の肺がんにかかり、右肺の四分の一ほどを切除したときからの、わたしの基本的な考え方です。

余談ですが、よく不摂生しながら、サプリメントを飲んでいる人がいますが、あれは最悪ですね。サプリを飲んでいることを言い訳に、より不摂生になっていく危険があります。

やめるべき習慣❸朝からのスマホゲーム

これを書くと、怒られるかもしれませんけれど、わたしはスマホゲームほど時間を浪費するものはないと思っています。夜更かしの原因にもなる。ましてや朝から通勤電車の中でやっている人を見ると、心配になってしまいます。その人の将来もそうですが、日本の未来がです。

何をしようと勝手だと言われるかもしれませんが、だったら、朝からスマホゲームをやる人は、始める前に、「同意する」というボタンをタップしなければ始められないようにしたらどうでしょう。何に同意するかって？　「将来、生活保護をもらいません」ということに対する同意です。

朝から、まじめに新聞などで情報をインプットする、あるいは英会話のレッスンをしている人と、朝からスマホゲームにうつつを抜かしている人の将来の成功確率はどちらが高いかは明らかでしょう。生活保護を受ける確率もどちらが高いかは明らかでしょう。まじめに朝から取り組んでいる人が、スマホゲームにうつつを抜かしている人の将来の生活保護費を負担するなど、社会にとってバカげたことです。

もちろん、スマホゲームを朝からしている人には反論もあると思いますが、こんなことすら分からないレベルになっている自分に反省すべきです（それすらできないからそうなっているんでしょうがね）。


もちろん、中にはゲームの開発をしている人もいるのかもしれない。朝は頭を馬鹿にしたい仕事に就いている人もいるのかもしれない。でも、一応、知的労働者とされる一般のサラリーマンが、帰りにちょっとやるぐらいだったらともかく、朝からスマホゲームなんて、ありえないと思います。わたしの会社の社員はもちろん、取引先の会社の社員にも、そういう人はいてほしくない。どうしてもストレスがたまって、朝からゲームでもしなければやっていけないというのなら、仕事を変えるべきです。

やめるべき習慣❹過度のＳＮＳ

過度のＳＮＳにも、スマホゲームと同様のことが言えます。わたしもフェイスブックで情報発信したり、ＬＩＮＥをメール代わりに使うこともありますが、それらに時間をとられすぎると、ろくなことはないと思っています。実際、若者のＳＮＳ依存は、世界中で問題となっています。

フェイスブックにしろ、ＬＩＮＥにしろ、問題のひとつは自分と同じ趣味、同じレベルの人としかつながらなくなっていくことです。ＳＮＳというのは、階層を固定化するものになりかねないと思います。

やめるべき習慣❺先延ばしにする

今日できることを今日中にやらないで、明日でいいかとしてしまうこと。締め切りぎりぎりまで先に延ばすこと。それもよくある悪習です。

そういう人に限って、だらだらと残業します。いま、働き方改革で残業を厳しく規制しようとする動きがありますが、経営者は、もともと残業が嫌いです。ムダな残業ならなおさらです。自分は土日もなく働いていたとしても、社員がムダな残業をするのは好きではありません。残業代がかかるだけですから。

また、いま時間があっても、締め切りまでまだ時間があるからいいか、と思っていても、ひょっとしたら、このあと想定外の仕事が入るかもしれない、トラブルが発生して事後処理に追われるかもしれない、自分が事故や急病にかかってできなくなるかもしれない。何があるか分かりません。そして、理由は何であれ、期日以内に、一定以上の質の仕事を納めるのがプロです。

そのためにも、**今日できることは今日やる。それは性格ではなく、習慣の問題**です。

やめるべき習慣❻悪口

次の「消極思考」と並んで、成功する人の習慣でとり上げた「人を褒める」こと、「人を喜ばせる」ことの真逆ですね。

わたしたちは放っておくと、つい人の悪口を言ってしまうものです。ツイッターや2ちゃんねるのようなもので、始終、いろいろな人や企業が、ちょっとした発言をきっかけに炎上、つまり、悪口の的とされています。人は、つくづく、人の悪口を言うのが好きなんだな、と思います。

ネットで炎上しやすいのは、自分の規範と合わないことをする人がいたときに、自分の正当性を守るためにも、その人をけなし、攻撃するケースです。これは、日常生活でも、わたしたちが人のことを悪く言うときの理由となっています。

また、自分のことを悪く言う人に対して、それによって自分の評判が落ちるのを食い止めるために、その人の評判を落とそうと、悪口を言うこともあります。また、嫉妬も結構あるように思います。

いずれにしろ、もとはと言えば、人の悪いところがまず目に入ってしまうことに、つい悪口を言ってしまう理由があります。もし、人のいいところを見ることができたら、悪口よりも褒めることのほうがずっと多くなります（残念ながら、称賛の渦というのも、ネット上でなくはないですが、炎上事件ほどには、盛り上がらないようです……）。そして、嫉妬するよりも、うまくいっている人に対して「上手に憧れる」というのも、成功するための習慣だと思います。

まさに、人や物事のよい面を見るか、悪い面を見るか、やらない理由を探すか、やる理由を探すか。でも、わたしの経験から言うと、人間は、ポジティブなこととネガティブなことがあったら、ネガティブなことを優先させるようにできているようです。そのほうが「安全」だからでしょう。

だから、楽しいことを考えながら街を歩いていたとき、誰かがばーんとぶつかってきて、謝りもしないで行ってしまったとすると、先ほどまでの楽しい気持ちはどこへやら、あっという間にむっとして、不愉快になります。

むっとしながら楽しいことなんか考えられませんから、たちまちネガティブ思考に陥るわけです。

ここで大事なのは、不愉快になることそのものではありません。この場合、不愉快になって当然です。大事なのは、その嫌な感情をどれだけ早く断ち切れるか。つまり、後ろ向きの感情を持っている時間をどれだけ減らせるかです。

そのために、わたしが若い頃にやっていたのは、左手の手首に輪ゴムをはめて、ネガティブな感情が出たときに引っ張って、パチンと放すこと。放した瞬間、痛いです。その痛みとともに、ネガティブな感情を断ち切るんです。一年ぐらいやっていました。そのくらい、実は、結構、頭にきちゃうタイプだったんですね。いまでも、頭にくるときはむっちゃ頭にきますが。

いまは、そんなときは、深呼吸するようにしています。深呼吸すると、だいたい心が落ち着きます。

消極思考、後ろ向きの感情を持つこと自体は、仕方ありません。
ただ、それを持っている時間をどれだけ短くするか。
短くなればなるほど、積極思考、前向きの感情が持てるようになります。

そのための訓練をすることもまた、習慣です。

やめるべき習慣❽やりっ放し

これは、成功する人の振り返りと反省の習慣の逆ですね。

やりっ放しも習慣、反省するのも習慣。やりっ放しの習慣をやめて、やったら反省するという習慣を持てるかどうか。それが大事です。

出版でも、なぜ売れたのか、なぜ売れなかったのか。それを反省していくから、積み重なり、ヒットする確率が上がっていくわけです。

電話営業でも、こういう言い方をしたら注文が取れたけれど、こういう言い方だと途端に下がった。電車に乗る位置も、何号車だと乗り換えにちょうどよかったけれど、何号車だと不便だったなど、小さなことから大きなことまで、振り返ってみないと気持ち悪い。やりっ放しは気持ち悪い。そう思えるようになったら、仕事も人生も、後悔することが減るのではないでしょうか。

1st WEEK	2nd WEEK	3rd WEEK	4th WEEK
□	□	□	□
□	□	□	□
□	□	□	□
□	□	□	□
□	□	□	□
□	□	□	□
□	□	□	□
□	□	□	□
□	□	□	□
□	□	□	□
□	□	□	□
□	□	□	□
□	□	□	□
□	□	□	□

□	□	□	□
□	□	□	□
□	□	□	□
□	□	□	□
□	□	□	□
□	□	□	□
□	□	□	□
□	□	□	□

習慣化チェックシート

身につけたい習慣とやめたい習慣を選んで、まず4週間続けてみましょう。

1　身につけたい成功する人の習慣	START
❶一日の終わりに、その日を振り返って反省する	/
❷メモをとる	/
❸自分から挨拶する	/
❹メール即返信	/
❺健康管理のための習慣を持つ	/
❻整理整頓。出したものは片付ける	/
❼ToDoリストを書き出し、優先順位をつける	/
❽笑顔	/
❾読書と勉強	/
❿工夫と時短	/
⓫アウトプットする	/
⓬早起き	/
⓭積極思考	/
⓮人を喜ばせる	/

2　なれる最高の自分になるためにやめるべき習慣	
❶夜更かし	/
❷暴飲暴食	/
❸朝からのスマホゲーム	/
❹過度のSNS	/
❺先延ばしにする	/
❻悪口	/
❼消極思考	/
❽やりっ放し	/

あとがき

経営コンサルタントとして独立して、早いもので二十三年目になります。おかげさまで多くのお客さまに恵まれました。一代で一部上場企業をつくられた方など成功された方も多くいます。海外で大成功されている経営者もいます。一方、残念ながら会社を潰してしまった経営者も何人も知っています。

「どこが違うのか」と考えてみたら、それほど際立った違いはないというのが、わたしの結論です。ただ、ちょっとした行動や考え方の違いが、その差を生んでいることは間違いないと思います。それが積み重なると、結果として天と地ほどの違いが生じるのだと思っています。

ビジネスがうまくいった経営者とそうでなかった人とは、大きな違いはないのですが、ひとつだけ決定的に違うのは、「反省」です。うまくいく人は、必ず反省します。それにより、過去の経験を活かし、積み重なるのです。

しかし、結果的に失敗する人は、反省が足りません。独善的なのです。「自分がいつも正しい」と思っています。失敗しても他人や環境のせいにします。「景気が悪くなったから潰れた」というように。しかし、景気悪化はその人にだけ訪れたことではありません。ふだんから反省していないから、過去の経験を活かして、準備していないのです。

創業後すぐに景気悪化に見舞われることもあるでしょう。それさえも、これまでの歴史や他人から勉強していれば、そして、松下幸之助さんなどの成功した先人から学んでいれば、ある程度の対策は打てたはずです。学びが足りないのです。勉強しないというのは、裏返せば、素直さ、謙虚さが足りないということでもあります。

本文でも書きましたが、いいときでも悪いときでも必ず反省する。自分のどこが足りないかを常に考える。それを習慣化するのです。そのためには、素直さ、謙虚さというものが必要なのです。

松下幸之助さんは、毎朝、神棚に向かって「今日一日素直であれますように」とお祈りし、夜寝る前に「今日一日、素直であったかどうか」を振り返られたということですが、素直さ、謙虚さも、そうありたいと願い、そうであるかどうかを振り返ることを習慣化することで可能となるということなのです。

さらには、同じようなことをやっていても、パフォーマンスのよい会社とそうでない会社があります。また、同じようなことをやっている人同士でも大きな差が生じることも少なくありません。その理由は、どこにあるのでしょうか。毎日同じようなことをやっているのに、です。

たとえば、コンビニエンスストアの最大手はセブン‐イレブンですが、一日あたり、一店舗あたりの売上は、もう長い間、六十五万円程度です。一方、セブン‐イレブンに続く、ファミリーマートやローソンでは、五十五万円程度です。こちらも長い間変わりません。コンビニは立地も、店のつくりも、売っている商品も、大手チェーンだとさほどの違いはありません。しかし、毎日、各店の平均で二割程度売上が違うのです。

この差は何かというと、ちょっとしたことの徹底の差です。「同じようなこと」とトップランナーがやっているのと「同じこと」とは違うのです。一歩踏み込めるかどうかなのです。

習慣化するときに、同じようなことをやる習慣をつけるにしても、もう少しだけ一歩踏み込めるかどうか、その一歩踏み込むことを習慣化できるかどうかということもとても大切なのです。

この本を最後まで読んでくださったみなさんが、成功する行動や考え方を習慣化し、人生で成功と幸せを得られることを心よりお祈りしています。

なお、本書作成にあたり、これまでの「養成講座」シリーズ同様、ディスカヴァー・トゥエンティワンの干場弓子社長には、たいへんお世話になりました。日本有数の本のプロデューサーである彼女が、直接にわたしの本を編集してくれるということは、わたしにとってはこれ以上の幸運はありません。この本がここまで仕上がったのは、彼女のおかげです。この場を借りて心よりお礼申し上げます。

二〇一八年初秋
小宮一慶

ディスカヴァー携書 207

ビジネスマンのための「習慣力」養成講座

発行日　2018年10月20日　第1刷

Author　小宮一慶

Book Designer　遠藤陽一（DESIGN WORKSHOP JIN, Inc.）
Illustrator　若田紗希

Publication　株式会社ディスカヴァー・トゥエンティワン
〒102-0093　東京都千代田区平河町2-16-1 平河町森タワー11F
TEL　03-3237-8321（代表）
FAX　03-3237-8323　http://www.d21.co.jp

Publisher & Editor　干場弓子

Marketing Group Staff　小田孝文　井筒浩　千葉潤子　飯田智樹　佐藤昌幸　谷口奈緒美　古矢薫　蛯原昇　安永智洋　鍋田匠伴　榊原僚　佐竹祐哉　廣内悠理　梅本翔太　田中姫菜　橋本莉奈　川島理　庄司知世　谷中卓　小木曽礼丈　越野志絵良　佐々木玲奈　高橋雛乃

Productive Group Staff　藤田浩芳　千葉正幸　原典宏　林秀樹　三谷祐一　大山聡子　大竹朝子　堀部直人　林拓馬　塔下太朗　松石悠　木下智尋　渡辺基志

Digital Group Staff　清水達也　松原史与志　中澤泰宏　西川なつか　伊東佑真　牧野類　倉田華　伊藤光太郎　高良彰子　佐藤淳基

Global & Public Relations Group Staff　郭迪　田中亜紀　杉田彰子　奥田千晶　連苑如

Operations & Accounting Group Staff　山中麻吏　小関勝則　小田木もも　池田望　福永友紀

Assistant Staff　俵敬子　町田加奈子　丸山香織　井澤徳子　藤井多穂子　藤井かおり　葛目美枝子　伊藤香　鈴木洋子　石橋佐知子　伊藤由美　畑野衣見　井上竜之介　斎藤悠人　平井聡一郎　宮崎陽子

Proofreader　株式会社文字工房燦光

DTP　アーティザンカンパニー株式会社

Printing　共同印刷株式会社

本書へのご意見ご感想は下記からご送信いただけます。
http://www.d21.co.jp/contact/personal

ISBN978-4-7993-2379-3

携書フォーマット：長坂勇司